INICIARTE

LO TUYO ES MÍO Y LO MÍO, ES MÍO TAMBIÉN

DIEGO BALAZS

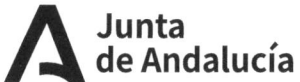

Junta de Andalucía | Consejería de Turismo, Cultura y Deporte | Agencia Andaluza de Instituciones Culturales

JUNTA DE ANDALUCÍA

Consejero de Turismo, Cultura y Deporte
Arturo Bernal Bergua

Viceconsejero de Turismo, Cultura y Deporte
Víctor Manuel González García

Secretario General para la Cultura
Salomón Castiel Abecasis

Delegado Territorial de Turismo, Cultura y Deporte en Córdoba
Eduardo Lucena Alba

Gerente de la Agencia Andaluza de Instituciones Culturales
Francisco Javier Rivera Rodríguez

PROGRAMA INICIARTE

Agencia Andaluza de Instituciones Culturales

Comisión de Valoración de Proyectos 2023:

Iris Brouwer, Sergio Aguilar Pereira, José Luis Pérez Pont, Carlos TMori y Eva González

EXPOSICIÓN

Espacio INICIARTE. Córdoba

Producción
Agencia Andaluza de Instituciones Culturales

Eva González Lezcano
Isabel Villanueva Romero

Montaje
IdeasKreativa

CATÁLOGO

Edición
Consejería de Turismo, Cultura y Deporte. Junta de Andalucía

Texto
Javier Díaz-Guardiola

Traducción
Deirdre B. Jerry

Fotografías
Juan López

Diseño editorial
Francisco José Romero Romero
Agencia Andaluza de Instituciones Culturales. Diseño

Producción
Agencia Andaluza de Instituciones Culturales

Imprime
Masquelibros, S.L.

ISBN 978-84-9959-479-8

Depósito Legal: SE 2267-2023

ÍNDICE

Presentación 5
Arturo Bernal Bergua
Consejero de Turismo, Cultura y Deporte

Diego Balazs, entre pillos anda el juego 7
Javier Díaz-Guardiola

Obras / Artworks 18

Bio 60

Diego Balazs: Game of Rogues 63
Javier Díaz-Guardiola

"Lo tuyo es mío y lo mío, es mío también" es una propuesta artística incluida en el programa Iniciarte de la Agencia Andaluza de Instituciones Culturales dependiente de la Consejería de Turismo, Cultura y Deporte. Este programa promueve la creación joven en Andalucía mediante el desarrollo de proyectos expositivos que ayudan a visibilizar el arte más reciente.

Diego Balazs investiga sobre las relaciones entre el espacio de exhibición y el espectador, mediante la estrategia del atajo. Su obra está influenciada por la viveza criolla y post-criolla presentes en la cultura peruana y latinoamericana, así como su conexión con la picaresca española y se basa en la disonancia cognitiva generada al descontextualizar elementos de la cultura popular del juego. Mediante la creación de juegos o juguetes a partir de la morfología lúdica convencional, con el objetivo de alterar su forma y concepto, busca generar nuevas interpretaciones que desafían al espectador.

Arturo Bernal Bergua
Consejero de Turismo, Cultura y Deporte
Junta de Andalucía

Diego Balazs, entre pillos anda el juego

Por Javier Díaz-Guardiola*

1. Objetivo

Me propone Diego Balazs, artista nacido en Lima, Perú, en 1996, pero asentado en España desde hace ya unos cuantos años, algo en principio sencillo: escribirle este texto para contextualizar su exposición, de título "Lo tuyo es mío y lo mío, es mío también", para el programa Iniciarte de la Junta de Andalucía en Córdoba. Y acepto el reto, no sin asumir algunos riesgos, dado la tendencia de este creador a transformarlo todo en juego; o, dicho de otro modo, a analizarse y analizarnos a través del potencial del juego. ¿Significa eso que me está poniendo a prueba? ¿Es esto una competición implícita y yo aún no soy consciente? ¿Se supone que, al final, las líneas que yo componga se van a transformar en el "libro de instrucciones" de una propuesta en la que la última palabra la tiene el propio Diego? No es todo esto una cuestión baladí, pero asumo el riesgo. ¿Qué podría ocurrir? Confío en mi interlocutor. Así que recurrimos al tradicional apretón de manos y nos dejamos llevar.

2. Se abre la caja (de Pandora). Componentes

"Lo tuyo es mío y lo mío, es mío también" es un proyecto de Diego Balazs que, en realidad, nace como casi todos los suyos, del concepto de juego y de un rasgo cultural aplicado al mismo. En este caso −y aquí vendría la segunda "ficha" sobre el tablero−, la "viveza criolla", dado el origen latino del autor, que tiene que ver con cómo un individuo crece y se desarrolla en la cultura de la supervivencia. Y acudo a Nicolás Etcheverry[1] para intentar definirla: "La viveza criolla no tiene nada que ver con la simpatía o la espontaneidad. Es una inclinación o actitud persistente a enfrentar y resolver situaciones grandes o pequeñas de la vida sin respetar las posibles normas, pautas, estilos o formalidades que tradicionalmente las regulan". Etcheverry describe así un "hábito o tendencia a eludir las reglas, sean del tipo que sean, a desobedecer las consignas legales, sociales, éticas o morales y jactarse de ello. Es una actitud de constante desafío a la autoridad, a violar ostensible o sigilosamente prescripciones y principios".

---

[1] Extracto del ensayo"La maldita viveza criolla: orígenes, caracteres, efectos y medios para enfrentarla", de Nicolás Etcheverry. "Reporter.Laboratorio de Comunicación UM". 2016. Facultad de Comunicación de la Universidad de Montevideo.

Pone como ejemplo el ámbito de la conducción, el saltarse el código de circulación a la torera que diríamos por aquí, pero sus tentáculos, como explica, alcanzan todos los ámbitos de la vida cotidiana, "del comercio al uso de bienes y servicios", donde la tendencia es "creerse más astuto que los demás". Pues, como este autor subraya, no resulta suficiente con eludir o trasgredir la pauta por todos acordada, sino que el complemento primordial es "la jactancia", hacer alarde de que se obra mal.

Balazs se crió en Perú, y constata que en ese contexto impera constantemente el juego de ver cómo saltarse la norma, cómo generar atajos (¡atención a este término, porque será un nueva ficha!); pero, en todo momento, de manera muy juguetona. De esta manera, lo que él plantea como creador es cómo tensionar el objeto artístico y generar un espacio de juego, diferentes zonas de juego en sala, en las que el espectador está bajo cierta presión constante en el diálogo o interacción con el objeto propuesto. El artista plantea la posibilidad de extorsionar el juguete, de contextualizar todos los materiales ofertados, sus formas, para que la relación que se genere al contemplarlos se vea frustrado en algún punto y se desarrolle con ello otras lecturas. Es lo que pasa si un columpio, por ejemplo, es utilizado de peana, o si se hace una línea recta de un tobogán. Estos gestos en realidad los convierte en algo inútil, pero si se les da unas vueltas se podría llegar a encontrar otras formas de utilizarlos. Por eso mismo la estrategia que sigue nuestro protagonista no supone tampoco inutilizar el objeto, sino dotarles de una nueva lectura frustrándolos.

Asimismo, Balazs trabaja en todo momento con lo que este nos deja ver y lo que no; con la seducción; con el no ser del todo consciente si deja mirar o está opacando información. Y todo ello al mismo tiempo. En el fondo, en este juego de descontextualizaciones que nos lanza, uno no sabe si la propuesta es una invitación o si nos está echando para atrás, dejando fuera. Habrá que tirar de imaginación e ingenio.

Porque, no perdamos la perspectiva, en Perú, el "vivo" es el "listillo". El título de la exposición cordobesa de Diego Balazs hace alusión a la típica frase que nos espetaría cualquiera de ellos. Viveza o "picaresca" (una nueva ficha), serían sinónimos. Es un rango cultural vigente, pero que viene de muy atrás. ¡Y tan atrás! Si ya la exportamos nosotros con "El Lazarillo de Tormes" (en la que "entre fortunas y adversidades", su protagonista pasaba de la ingenuidad de la infancia a desarrollar un espíritu de supervivencia basado en el engaño y la mentira), "El buscón" de Quevedo o el "Guzmán de Alfarache" de Mateo Alemán. No obstante, Balazs me conmina: "En Latinoamérica, todo es mucho más chanchullero, donde incluso se negocia con la policía, donde en la calle se regatea, donde intentas todo el rato irte por la tangente". Y me hace una apreciación interesante, si de juego hablamos todo el rato: la viveza se filtra incluso en los deportes, en el fútbol, en la forma de 'pelotear'. En Europa, me recuerda Diego, el fútbol es mucho más estratégico, más táctico. Allí se dan ciertas libertades creativas a la hora de hacer, cómo regatean y cómo generan jugadas: "¡La mano de Maradona en el Mundial que ganó Argentina! Ese tipo de cosas son las que diferencian el rasgo cultural de España y de Perú, aunque tengan muchas cosas en común". Amén.

3. Inicio de la partida

El juego, entonces, como base de operaciones. Recordaba Rodrigo Pérez de Arce en su texto para la muestra "Playground" del Museo Reina Sofía, cómo es Johan Huizinga el que ya exponía en la década de los treinta del siglo pasado, cómo de forma insospechada las formas culturales surgen de "pulsiones lúdicas"[2]. El "homo ludens" (fundamental para Marcelo Expósito para que realmente haya un cambio social[3]), frente al homo sapiens" o el "homo faber". Y cómo posteriormente Roger Caillois distinguió entre "play" y "game", sustentando el segundo de los términos en "consentimiento fictivo y provisional". Dicho de otro modo, y en palabras de Pérez de Arce, no hay en el juego intención alguna de modificar el mundo. Después del mismo, nada cambia y las fichas vuelven a la caja. Pero, aún así, el juego puebla el mundo de paisajes, de artefactos y de reglas necesarios para su realización. Lo que entroncaría con las teorías de Jean Duvignaud sobre los valores de libertad y espontaneidad que toda norma o control tiende a generar y que el juego ayuda a sofocar: "Estallidos lúdicos" que "trastocan el orden de la autoridad"[4].

Me confiesa Diego que por mucho que haga alusión a su dimensión académica, haber estudiado Bellas Artes y ampliado formación con distintos másters, él incide más en la escuela de la calle: allí se formó y allí sigue. Así admite: "He

---

[2] "Calle y playground: la domesticación del juego en el proyecto moderno", de Rodrigo Pérez de Arce. Texto del catálogo de la exposición "Playgrounds. Reinventar la plaza" (2014).

[3] "Todo mi cuerpo recuerda: desorden festivo, mutación subjetiva y devenir revolucionario", de Marcelo Expósito. Texto del catálogo de la exposición "Playgrounds. Reinventar la plaza" (2014).

[4] "Calle y playground: la domesticación del juego en el proyecto moderno", de Rodrigo Pérez de Arce. Texto del catálogo de la exposición "Playgrounds. Reinventar la plaza" (2014).

crecido pasando todos los días en la calle jugando con mi hermano. Literalmente, volvía del instituto, del colegio, y comía lo más rápido posible para salir a jugar al fútbol. Es algo que me ha acompañado siempre y eso ha conformado mi forma de ver la vida y relacionarme con los demás. Estoy todo el rato tratando de jugar, intentando estar y ser activo. Soy una persona que la parte que tiene que ver con el deporte la tengo muy presente, esa dimensión activa del ser humano. Es como si literalmente pones a hacer arte a un chaval de pueblo al que simplemente le interesa estar en el parque jugando".

4. El tablero de juego

La exposición "Lo tuyo es mío y lo mío, es mío también" se despliega en el Espacio Iniciarte en Córdoba como si de un tablero o "playground" se tratara. Nada más entrar en la sala, con su estructura alargada y su forma de "L" – lo que también le da mucho juego al creador–, el espectador se topa con un lienzo. De hecho, es la primera vez en su trayectoria que el artista introduce uno en su posición original (puesto que ya en su última exposición en T20, la titulada "H.O.R.S.", del pasado mes de marzo, los usó como asiento para dos columpios). Diego siempre ha tenido una relación personal con la pintura, como manifiesta, "un debate interno" con una técnica en la que entra y sale, pues sus esculturas son pinturas, pero de las que termina liberándose.

Ese lienzo de la entrada, de grandes dimensiones, sirve también como primera toma de contacto que contextualiza el resto de piezas. Según se avanza, el espectador alcanza tres cajas de metacrilato con peluches en su interior metidos a presión, deformando así sus contornos. La propuesta hace alusión a los característicos juegos infantiles para bebés, en los que se les apremia a encajar piezas metiendo objetos en un receptáculo por unos huecos con unas determinadas formas (un círculo, un triángulo, una estrella...) y con los que desarrollan habilidad y destreza. También las cajas de Balazs tienen los agujeros de las formas que hay dentro, pero al estar a presión son completamente inútiles. Llegará pronto el visitante hasta una escultura de suelo que conduce a la tridimensionalidad de los cuadros de este autor, una bidimensionalidad en volumen a base de estructuras de hierro y que se puede habitar.

Finalmente, dentro del diálogo con la interactividad que interesa a Balazs, una última pieza más 'activa' que se puede tocar y se puede intervenir, cuyos raíles son desmontables y, por lo mismo, intercambiables, generando un cuadro con piezas de polipiel de unos ocho centímetros de grosor. El espectador se transforma así en coautor de una 'pintura'.

El Espacio Iniciarte de Córdoba, anexo de la antigua Casa Palacio de la Diputación y Biblioteca Provincial, es un edificio con personalidad, pero Diego no ha querido que su historia interfiriera. Influye más su recorrido, su plano, porque donde introduce la parte del juego físico e interactivo de la propuesta es justamente en ese lado de la L que no se ve desde la entrada. Es como dejarlo en un espacio aparte.

Reparará el visitante que ninguna de las obras tiene título. Eso es así porque este es otro reto que le propone su autor: Él concibe todo el conjunto como una única instalación. Un puzzle con piezas en las que invita a una participación activa –y que por ello se pueden manipular–, y otras en las que esa manipulación continúa, pero esta se lleva al plano de lo mental. En ningún momento, Balazs va a rechazar el hecho de que alguien pueda tocar sus propuestas. Es más: agradece que ese tipo de reacciones surjan.

A nivel resolutivo, hay ahí un salto evidente en la cita con respecto a todo lo realizado hasta ahora por su autor. Es un deseo de plantearse cómo generar una pieza para que sea interactiva de forma pasiva. Balazs va puliendo poco a poco cómo establece la relación del objeto con el espectador, lo que marca la importancia que le está dando al objeto y, cómo hace cada vez más sutil esa dimensión en la que no se sabe si el artista invita a entrar en la obra o bloquea la maniobra de forma constante. Cada exposición y cada obra-pieza es un paso más porque la investigación es la misma, no se alteran los intereses. Balazs no trabaja por proyectos cerrados, de forma que su proceder es seguir evolucionando y generando nuevas pistas con las que continuar aprendiendo y sorprendiéndose. Se trata en definitiva de hablar de juego mientras juega.

5. Reglas del juego

Será Hans Georg Gadamer uno de los filósofos que más reflexione sobre el elemento lúdico inherente a cada cultura y uno de los que ayude a relacionar arte y juego, que, a su juicio, coinciden en rasgos esenciales. Para Sebastián Daniel Orueta, el concepto gadameriano de juego no se fundamenta en la realización de una acción, sino que tiene que ver con el desarrollo de una actividad más allá de las reglas que la motiven[5]. El sentido principal del juego es una performance, coma la que Balazs pide al espectador que realice con sus obras. El ju-

---

[5] "Gadamer: el arte entendido a través del juego", de Sebastián Daniel Orueta. "Scienta Helmántica". Revista de Filosofía. Número 2. Noviembre de 2013.

gar, continúa el filósofo, es una actitud de abandono del jugador ante el juego, lo que supone la supremacía del juego sobre la conciencia del jugador. Así que el sujeto de la actividad lúdica no es el el jugador, sino el juego mismo. Ahora bien, la supremacía del juego no supone la pérdida de libertad o decisión para el que juega. El juego se abre a multitud de alternativas de movimiento, pero son posibilidades que el juego pone siempre a su disposición. De la misma forma, el filósofo considera que las obras de arte han de ser abordadas por sí mismas y no reducidas a la conciencia del que las experimenta: poseen sus propias reglas y quien quiera que sea el espectador habrá de tomarlas en consideración. Y la experiencia de la obra de arte no es "mera percepción de algo. Uno más bien se sumerge en ello, se absorbe de ello"[6]. Hay por ello también una supremacía de la obra de arte por encima no solo del espectador, sino hasta del artista (lo que "no cancela la subjetividad a la hora de percibir una obra de arte"). Esta, por otro lado, no es copia de la realidad ni sustituto, pues su esencia es la de ser representación: la obra es una presencia que es representación y, a la par, una representación que es presencia. Es lo que Gadamer denomina "mediación total". Y escuchamos a Lars Bang Larsen parafraseando al autor[7] y concluimos: "El jugador sabe muy bien lo que es el juego y sabe que lo que hace es solo juego, pero no sabe qué es lo que sabe al saber eso". Esto me recuerda al estado de ánimo de los participantes de la serie "El juego del calamar" de Netflix... Cuando el objetivo del juego es salvar el pellejo.

Mencioné antes el concepto de "atajo" como algo capital en la forma de proceder de Diego Balazs y es hora de retomarlo, pues, para el artista es una forma de hacer constante. Una estrategia en torno a cómo se puede presentar algo de manera distinta. En su producción esboza atajos todo el rato. Así, por ejemplo, parte de un lienzo o una serie de formas, las cajas de metacrilato, que no evita. Y con ellos está diciendo que siguen siendo elementos pictóricos por mucho que las presente como esculturas. Es como hacer lo mismo sin hacerlo: "Mi escultura es pintura y mi pintura es escultura". Todo depende de la posición del espectador. El momento mental desde el que mira.

¿Hasta qué punto no somos conscientes de que somos fichas del juego que Diego ha montado en su cabeza? Aquí en Córdoba uno va penetrando en el espacio poco a poco. Se genera cierta escenografía. No nos lo dan todo

---

[6] "Palabra e imagen", en "Estética y hermenéutica", de H. G. Gadaamer. Editorial Tecnos, 1998.

[7] "Círculos dibujados en el agua", de Lars Bang Larsen. Texto del catálogo de la exposición "Playgrounds. Reinventar la plaza" (2014).

hecho, sino que vamos descubriendo también poco a poco, como si fuésemos pasando incluso niveles de un videojuego, sus pantallas. La primera pieza contextualiza; después se alcanza cierta frustración entre medias con las cajas de metacrilato. Posteriormente se nos enfrenta al bulto redondo y, acabado el recorrido, nos espera el malo final con el que nos hemos de enfrentar. O no. Pues siempre se puede recular y volver a otro tipo de piezas. Pero sí que hay otro concepto que a Balazs le interesa mucho en lo referente a lo del espacio como tablero, sería el concepto de "botón", ese algo que nos activa. Muy importante a la hora de hacer las piezas: qué elemento nos está conectando y qué elemento se puede conectar a un imaginario colectivo. Hablamos de juguete, y el juguete es un juguete; los peluches son adorables; pero pueden ser mucho más perversos de lo que parecen. Hay pistolas de juguete, elementos que ya tienen una connotación política determinada, también de género. En cuanto a lo espacial, es igual de importante saber qué nos está dando el artista primero y cómo dosifica los niveles.

Todo juego implica normas. Y el atajo invita a saltarse las normas. Hablamos entonces de prohibiciones, de acuerdos tácitos. Diego Balazs recurre mucho al término "dinergia" de Gyorgy Doczi, que es la unión de opuestos complementarios. De lo dinergético le atrae cómo mediante ciertas prohibiciones se va generando "el juego" en la propuesta expositiva. A base de prohibiciones y de "no hacer". Porque no es tanto lo que se puede lograr, eso da una libertad creativa enorme, sino lo que no. Ello desarrolla una evidente parte creativa. Así que desde ese punto de vista, lo dinergético y el juego serían prácticamente lo mismo. Las preguntas que arroja el autor son "¿cómo se complementa el no hacer con el hacer?", "¿cómo se puede inutilizar un juego que obliga a estar activo?", "¿Cómo tensionar desde esas premisas?". Y que eso sea lo que suma y lo que genere el diálogo real en la exposición.

Con el arte, como con todo en la vida, primero hay que tener intención de participar. Hay que perderle el respeto en algún punto. Eso nos sitúa en sus límites. ¿Configura Balazs el arte de forma juguetona? Sí, ciento por ciento. Él intenta pasárselo bien mientras "hace", mientras investiga, mientras llega a conclusiones. Y, paralelamente, el arte le va lanzando mensajes. Es un juego constante en sí mismo que empezó en el momento en el que él comenzó a elaborar sus piezas y que todavía continúa. Incluso lo contemplativo le parece un juego. Es un momento en el que se están generando ideas y en el que se aprende a ver de otra forma. Hay algo físico en lo suyo que le viene del deporte y que echa muchas veces de menos en el arte: la posibilidad de tocar, de intervenir. "¡Que se toque y que se rompa si hace falta. No pasa nada!", espeta entre risas.

6. Los comodines

Queda claro que, a mitad de la partida, no se pueden cambiar las normas. ¿Pero si esa fuera una de las reglas? Es la domesticación de la improvisación. Y es la carta que yo acabo de sacar del montón. Así que este texto deja de ser un ensayo y se transforma en una entrevista. De la declaración en estilo indirecto a la declaración directa. Para seguir avanzando en el tablero.

–¿Y El espectador, Diego, es un oponente o es un miembro de tu equipo?

–Yo creo que siempre jugamos en el mismo bando. Estoy en el mismo bando que el espectador, pero reconozco que el que le está poniendo trabajo es el objeto. Así que, como los he creado yo, sí, en cierto modo nos podríamos estar enfrentando. Es como si juegas un amistoso. Sería como jugar un amistoso contra las piezas.

–Recurre a autores como Lipovetsky, al mencionado Huizanga, haciendo alusión a cómo tendemos a una sociedad que es más ludificada. Yo no sé si lo lúdico o el juego actúan en contra del carácter crítico del individuo.

–No estoy de acuerdo con esa idea del juego que te atonta, que te duerme. El juego tiene una parte crítica fundamental, pero que se tiene cegada. Por eso hay que diferenciar entre juego y deporte. El deporte tiene juego, sí, pero no todo el deporte es juego, ni todo el juego es deporte. El fútbol, desde principios del siglo XX, tiene una importancia categórica como estandarte de un país, de posicionamiento cultural de Latinoamérica frente a Europa o EE.UU.: Maradona, Pelé... Se empezó a conocer sus países por algo tan tonto como el fútbol. Realmente es una locura comprobar cómo la gente puede sentir una pasión tan grande por algo tan bobo. Yo he jugado al fútbol toda la vida. El fútbol callejero, el fútbol sala, son más parecidos a una danza: literalmente tú tienes un libretito que te aprendes y luego haces las jugadas; y hay un movimiento, la misma indumentaria... El resultado es mucho más teatral. Sin embargo, el fútbol de élite es un sistema de control de masas muy grande. Hay una parte de mi trabajo que es un llamamiento a la crítica basada en el "esto se puede concebir de esta forma" o "nos podemos alejar lo suficiente para empezar a verlo de otra manera". Y muchas veces, también en cuanto a materiales, utilizo algunos que tienen que ver con el juego –peluches, alfombras–, que el propio espectador reconoce como tal pero que, al frustrarlos, no sabes si incomodan.

—Traigo a colación a Charles Eames, el diseñador, que decía que un buen juguete contiene las claves de la época en la que se produjo. Tú también te has ocupado de analizar tu propia generación, que es la Millennial, en la que el juego está muy implicado: el manga, el videojuego...

—Mis obras son muy epocales. Parto de las referencias que tengo de los juguetes que utilicé. Y también es verdad que de niño he consumido de forma excesiva la MTV. Y, claro, toda la iconografía pop bizarra que acarreaba, los anuncios y toda esa parte "skater", grafittera, que me ha influido mucho. Hay un documental, "Beautiful Losers"[8], que muestra cómo muchos que son grandes ilustradores hoy venían del mundo del graffiti y del "skate", pese a ser gente que iba por la tangente, que no se relaciona en el mundo del arte contemporáneo, trabajando en empresas de publicidad. Esa creatividad y forma de resolución del trabajo la puede dar precisamente salirse de lo artístico, que lo que influye sea muy friki. Ahí es donde se empiezan a mezclar cosas y surgir otras muy interesantes. Lo mío tiene que ver con lo generacional 100%, las formas de hacer, las formas de componer, los elementos que trabajo, las temáticas... Aunque creo que son cuestiones que en algún punto nos preocupan a todos. Y el juego puede ser un buen hilo conductor. Mencionábamos la ludificación de la sociedad, pero cada vez se juega menos en la calle, mientras se está metiendo cada vez más lo lúdico en la enseñanza, en los museos...

—En "Playground", Lars Bang Larsen señala que aunque las máquinas han conseguido jugar con nosotros, todavía nos diferencia de ellas que no sienten placer o frustración ante el resultado.

—Yo trabajo más con el segundo concepto, porque el placer se genera al ganar u obtener algo. En mi caso, yo no te llego a dar nada de recompensa más allá de un diálogo que además te puede frustrar. Es como debatir con una persona muy cabezona: eso es lo que pasa con mis piezas. Y sí que puede haber un placer visual en ellas, pero me interesa más generarte incomodidad. La parte de frustración la tengo mucho más presente al trabajar, pero también porque genero tensiones, porque me apoyo en la viveza, que es muy "porculera". Me interesa que tú quieras llegar a algo y no puedas. Estás todo el rato llegando a la meta o, al menos, es lo que parece, porque no llegas, pero en ese deseo de alcanzar una meta es donde está generándose todo un diálogo, todo un "feedback" con la pieza.

---

8 "Beautiful Loser" (2008) de Aaron Rose y codirigido por Joshua Leonard.

7. El desafío final

Es Roger Callois el que, decíamos antes, considera que nada cambia tras el juego pues no está en su interés modificar el mundo: las fichas tan solo vuelven a su lugar. No pienso que Diego Balazs no pretenda, cuanto menos, cuestionar este mundo, sus reglas, con sus propuestas sobre todo por la parte de toma de conciencia y crítica que implica. El boom de la IA y la generación TikTok nos ha demostrado que también desde cierta forma amable se puede llamar a la cordura más allá del consumo rápido de imágenes; imágenes que consumimos compulsivamente y de forma voraz aunque sean agradables. Nuestro artista invita visualmente a que entremos de forma "indolora" en su propuesta y, una vez dentro, que empezamos a jugar mientras el artista juega también con nosotros y nos zarandea mentalmente. Y en ese momento, nos estará llamando a la mesura y la templanza. Políticamente hablando, el hecho de que ahora mismo nos detengamos un momento ya es un logro porque la capacidad crítica y de atención la hemos perdido. Balazs cree que lo que nunca va a hacer que se cierre el tablero que propone es que nadie gana. Y esa es la parte buena. No hay un fin.

PD: No se gana, me puntualiza Diego, pero sí se puede perder. Y hablando de perder, y de jugar, y de Inteligencia Artificial. No intenten que ChatGPT les escriba el texto de la exposición "Lo tuyo es mío y lo mío, es mío también" de Diego Balazs en Espacio Iniciarte de Córdoba. Esto es lo que les responderá:

"Lamento informarte que no tengo información disponible sobre un individuo llamado Diego Balazs en mi base de datos, que tiene un límite de conocimiento en septiembre de 2021. Es posible que Diego Balazs sea una persona privada o que no sea una figura pública ampliamente conocida. Si tienes más detalles o información específica sobre Diego Balazs que te gustaría incluir en su biografía, por favor proporciona más detalles y estaré encantado de ayudarte a redactar una biografía en base a esa información."

Hagan juego.

Guadalajara, 15 de octubre de 2023.

---

* Javier Díaz-Guardiola es periodista, crítico y comisario de exposiciones. En la actualidad es coordinador de la sección de arte, arquitectura y diseño de ABC Cultural, redactor-jefe de ABC de ARCO y autor del blog de arte contemporáneo "Siete de Un Golpe".

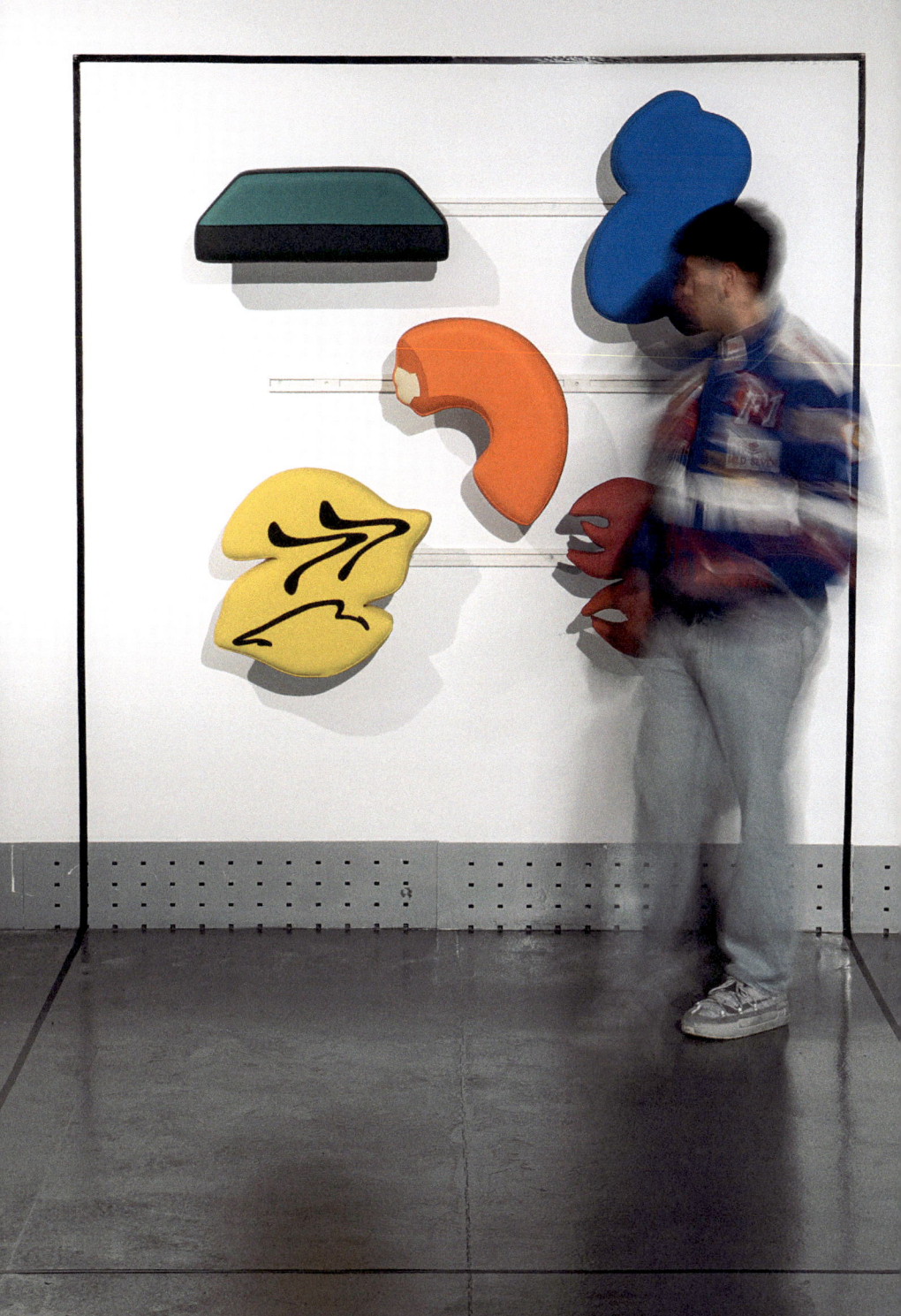

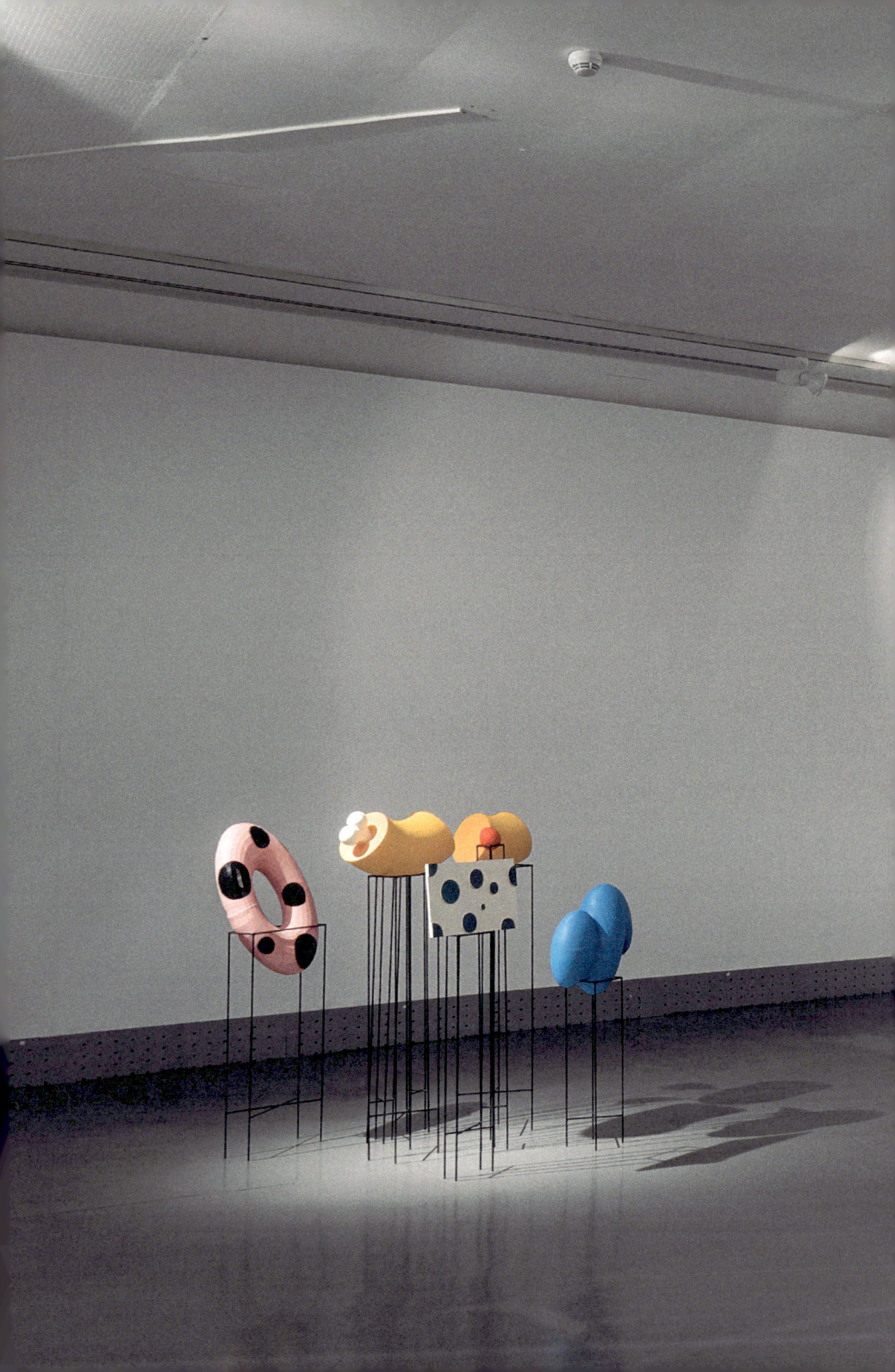

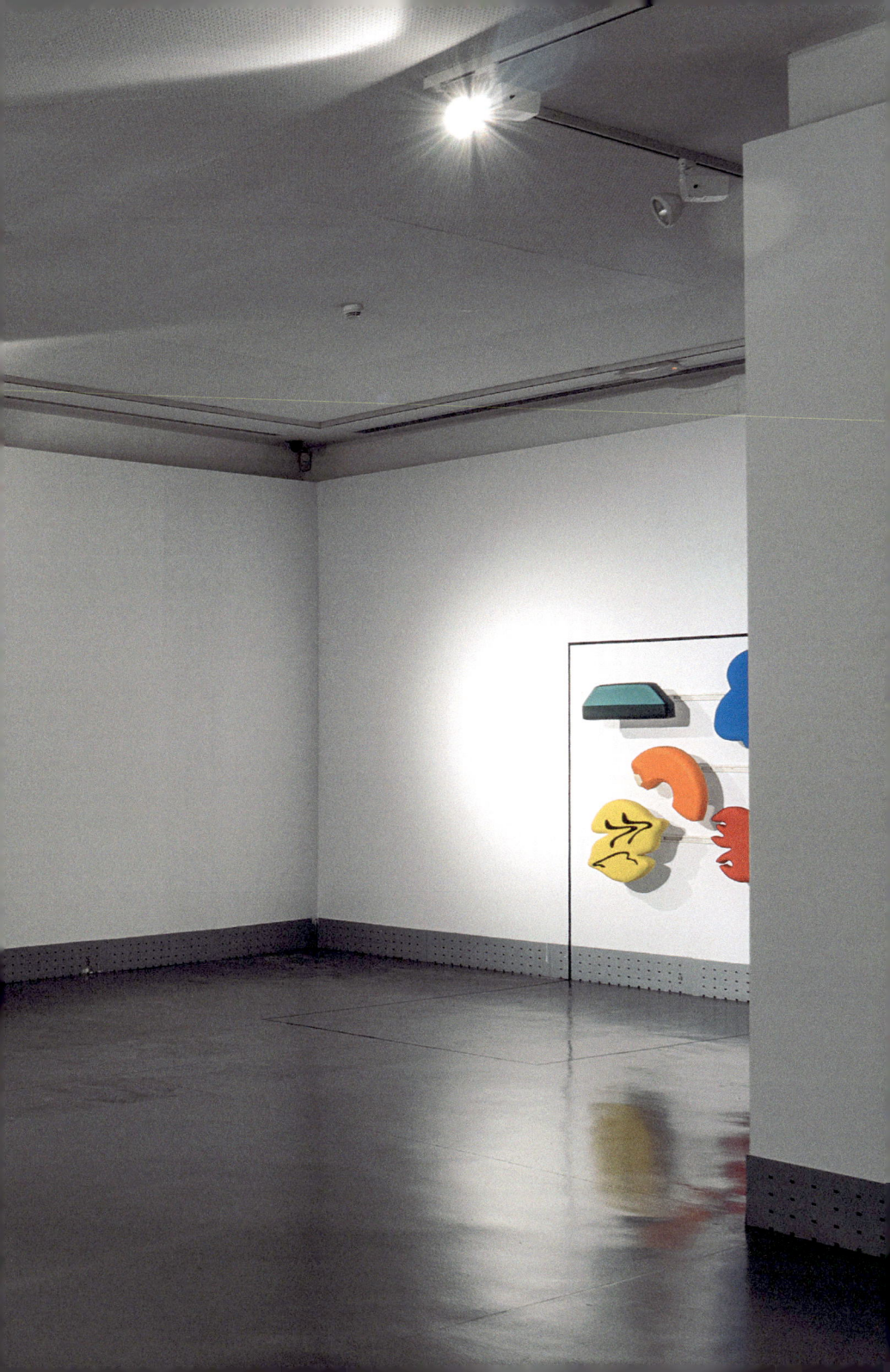

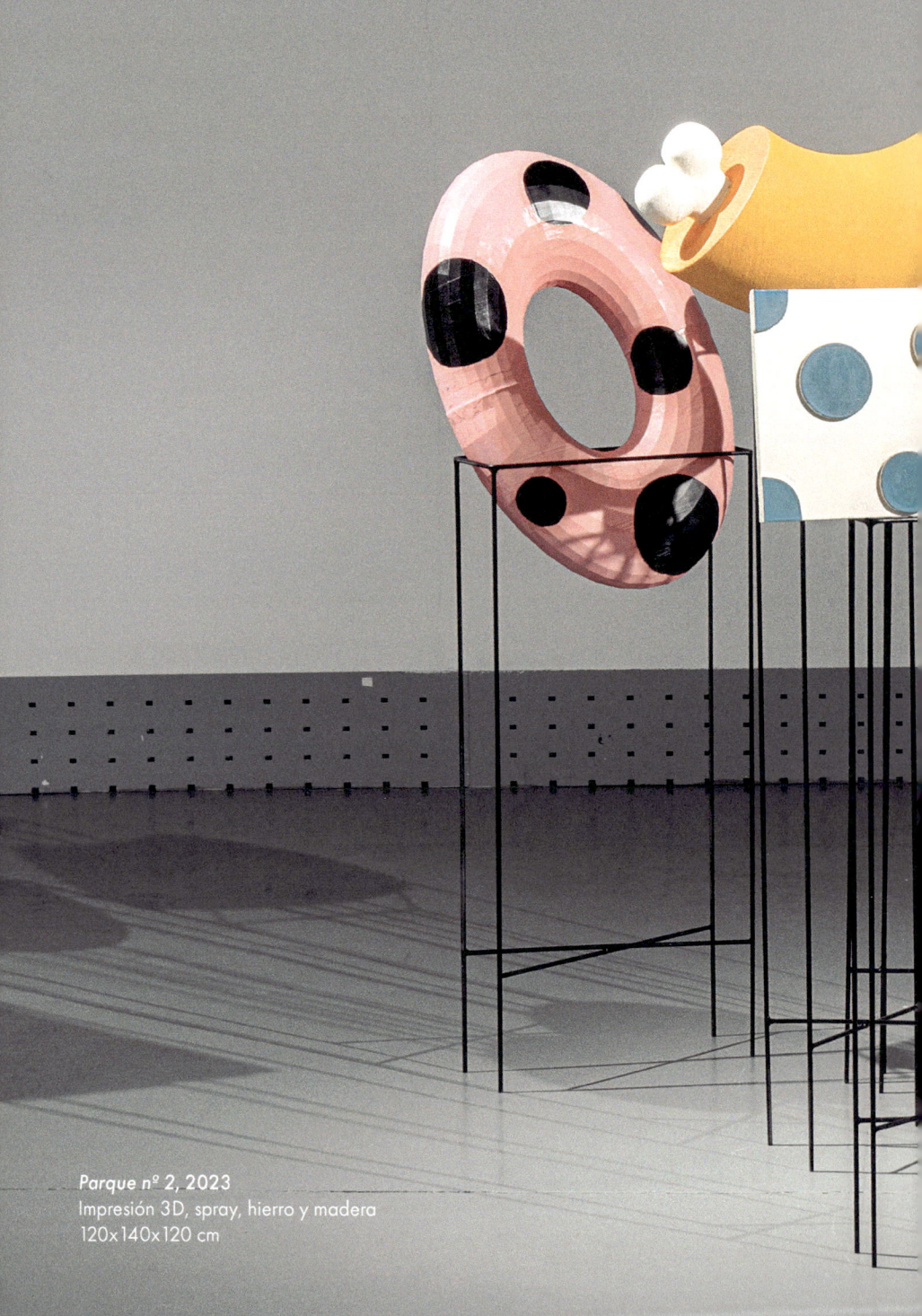

Parque nº 2, 2023
Impresión 3D, spray, hierro y madera
120x140x120 cm

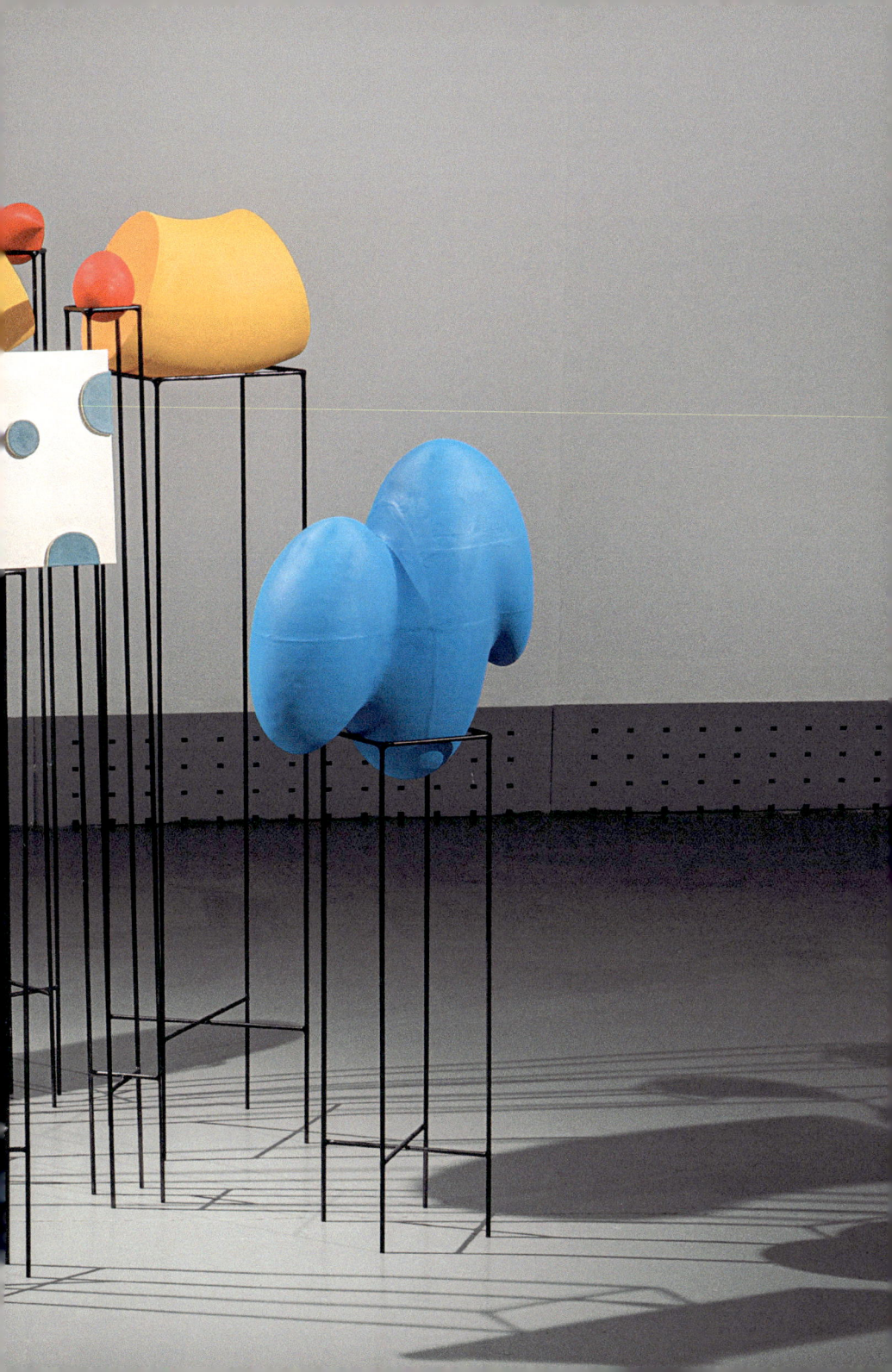

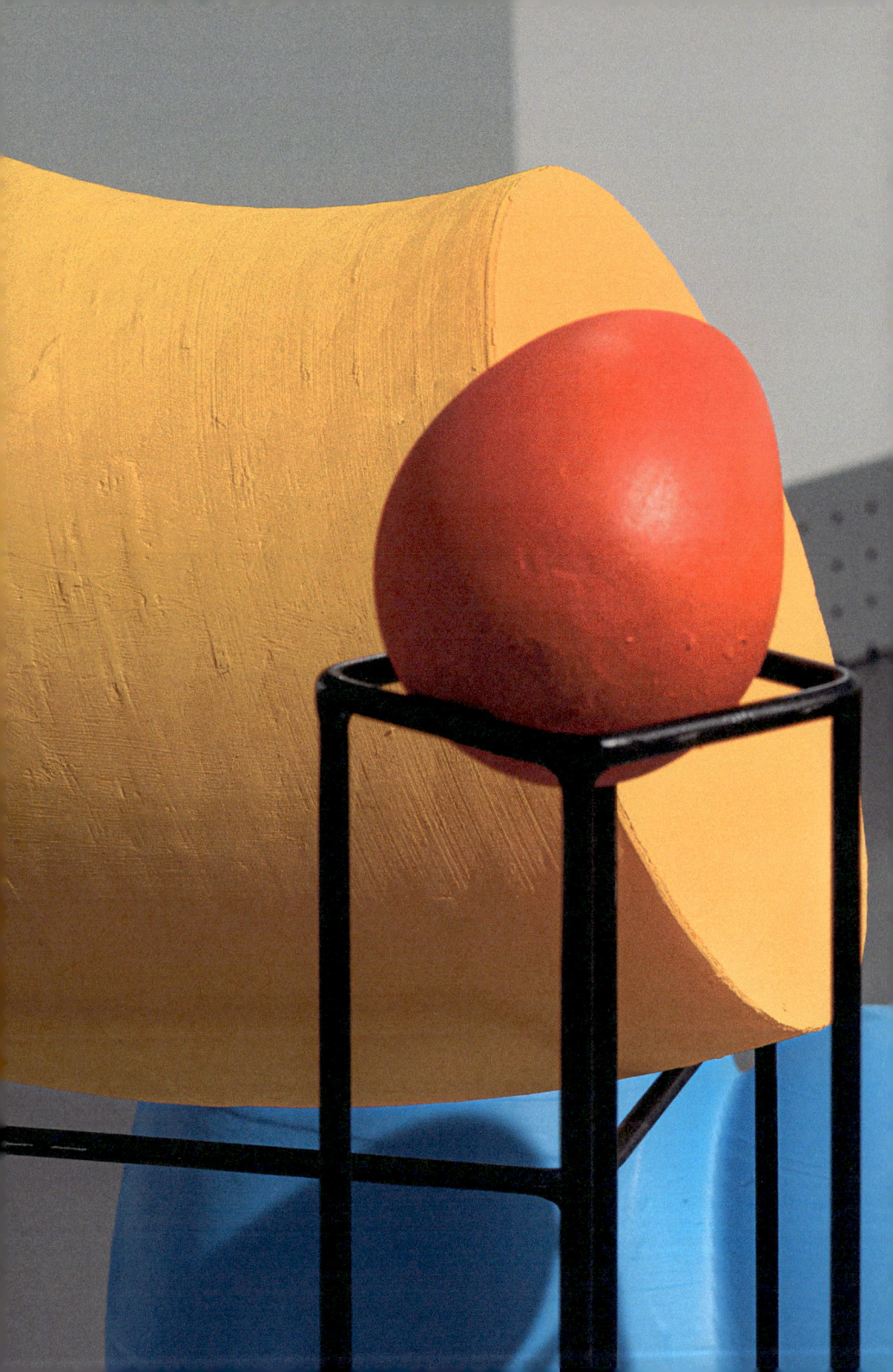

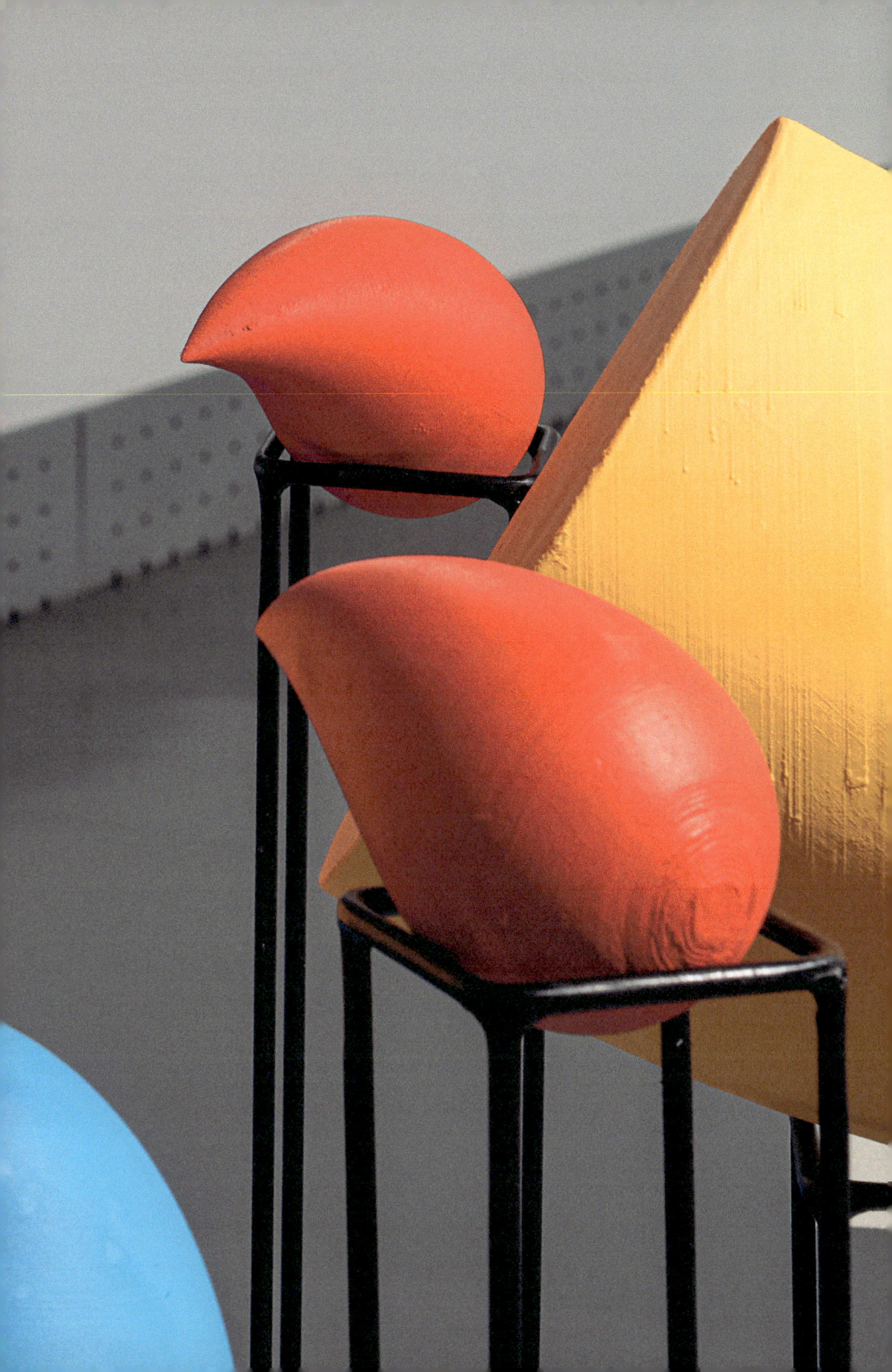

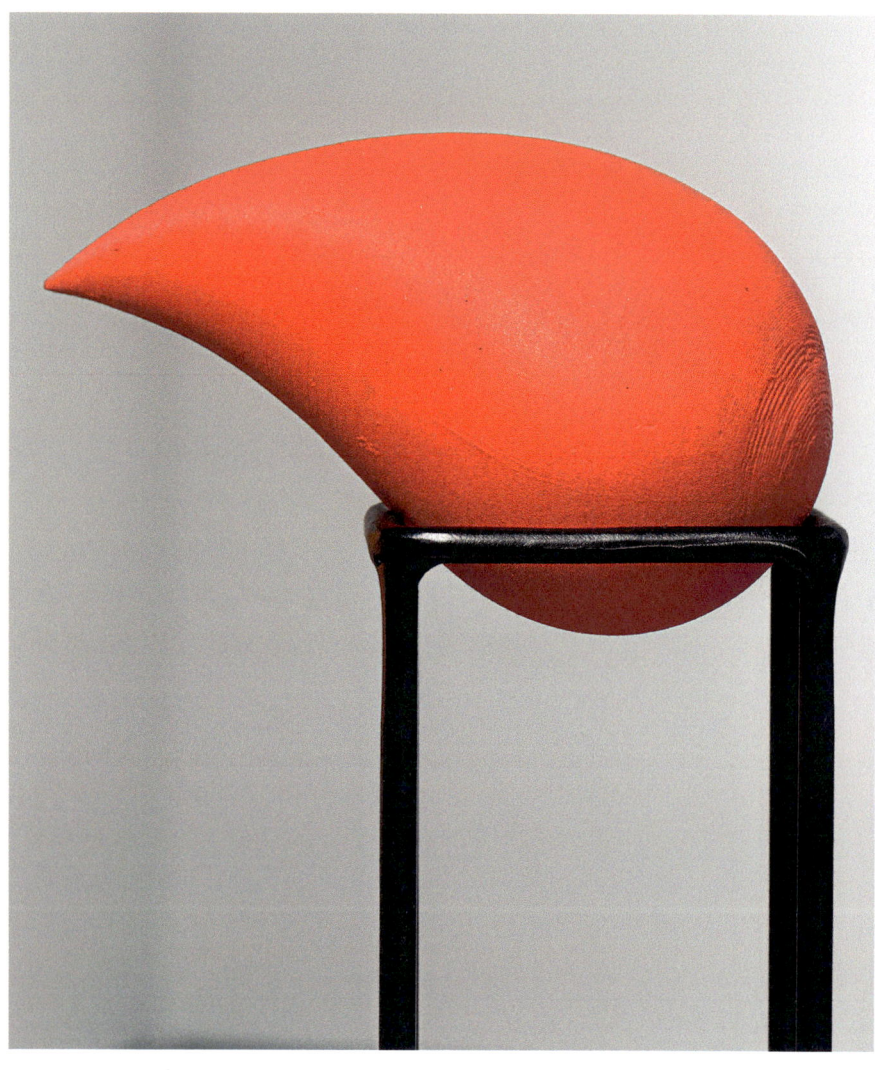

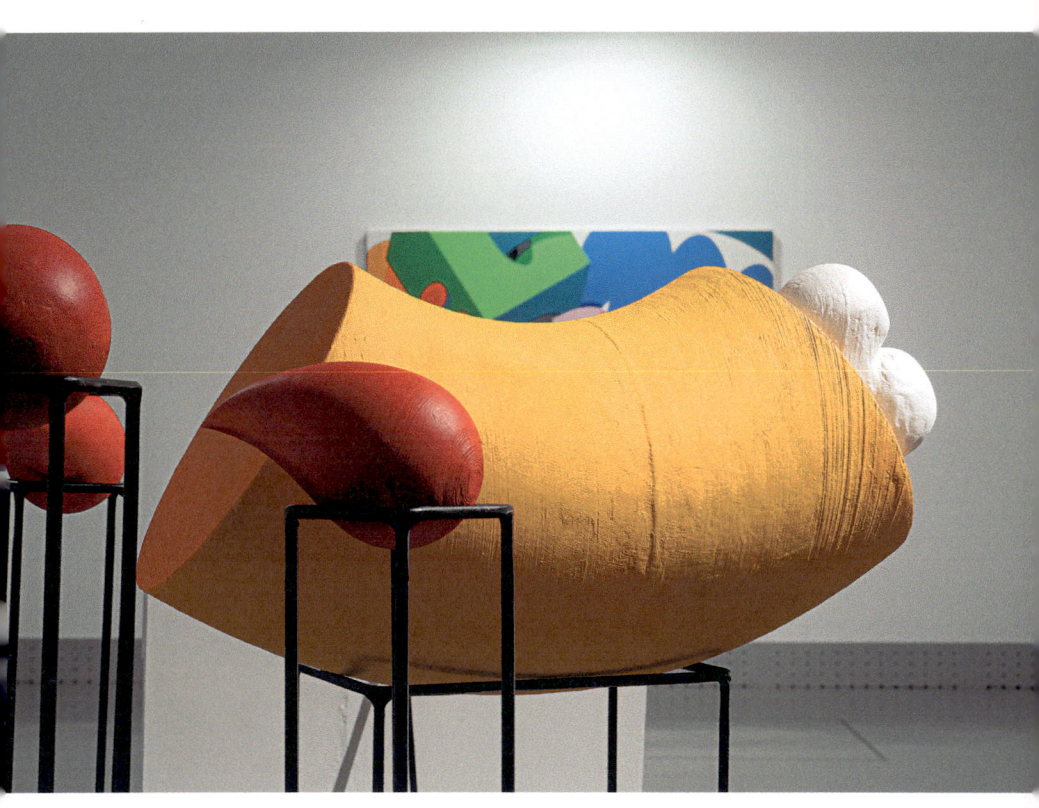

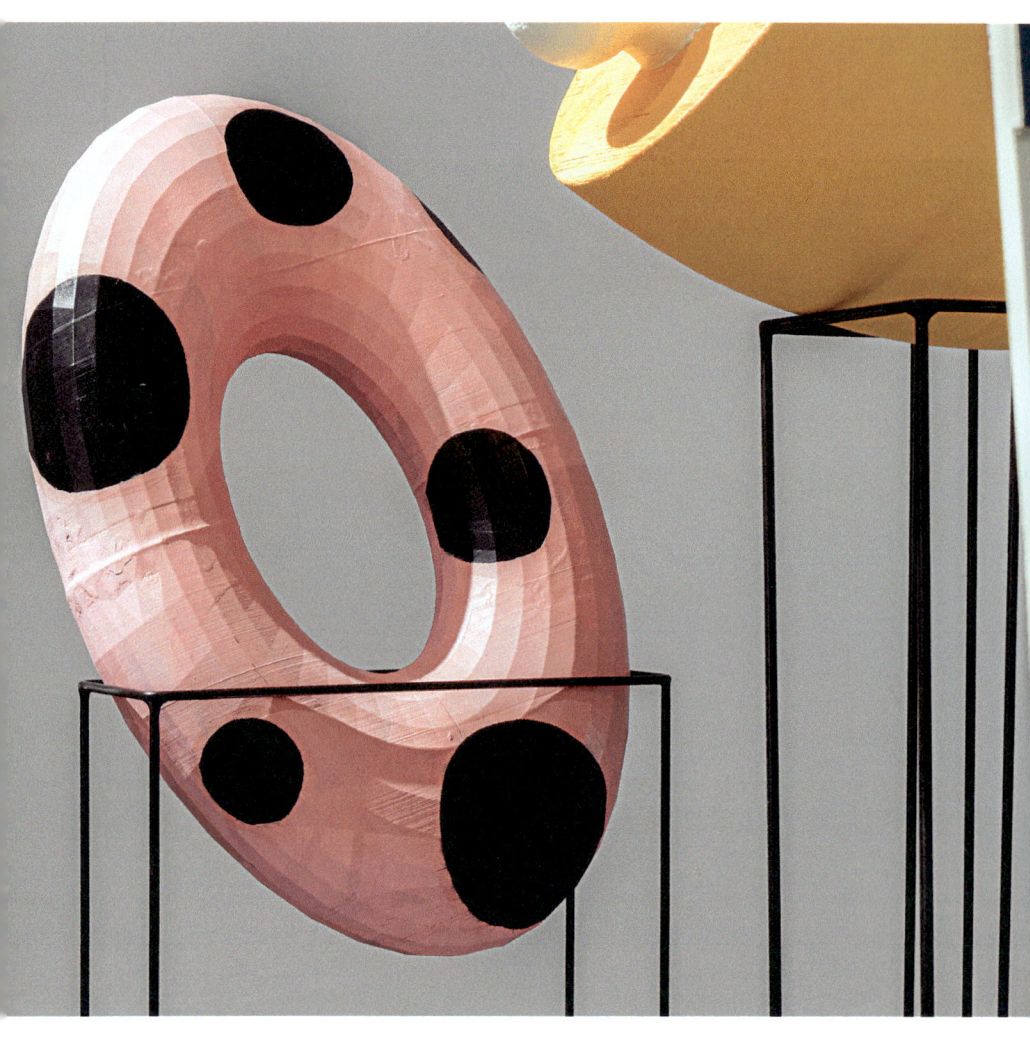

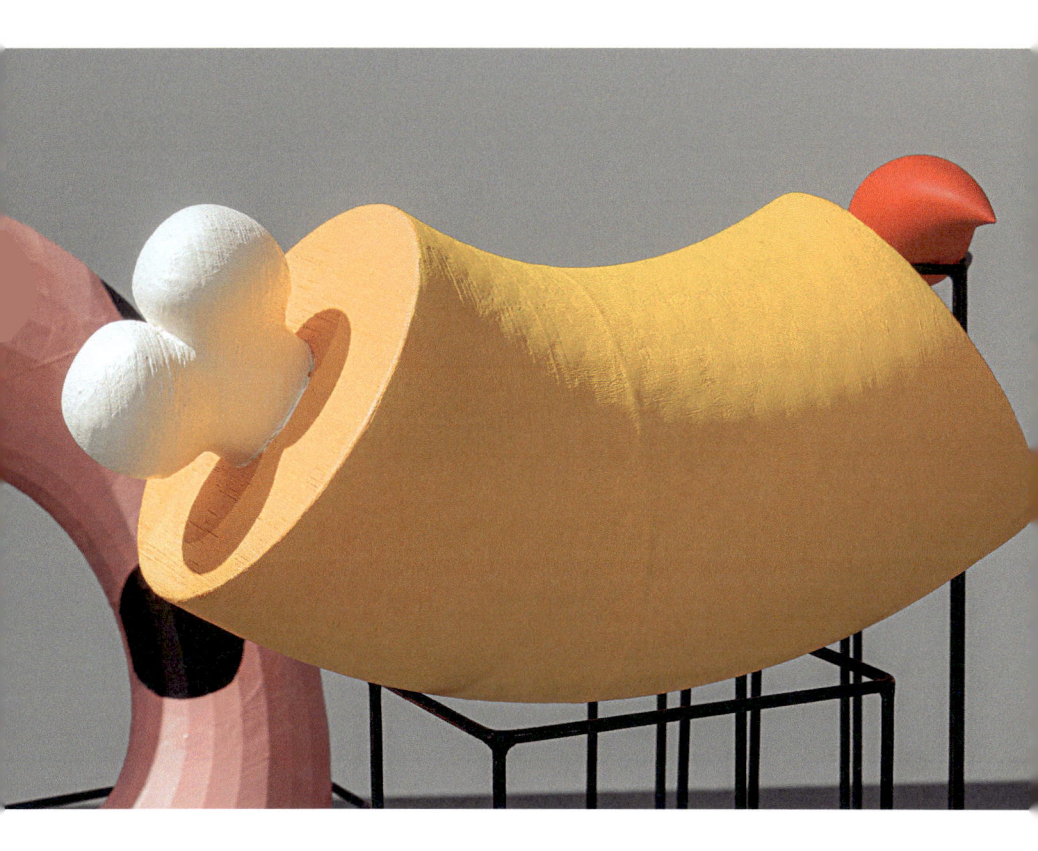

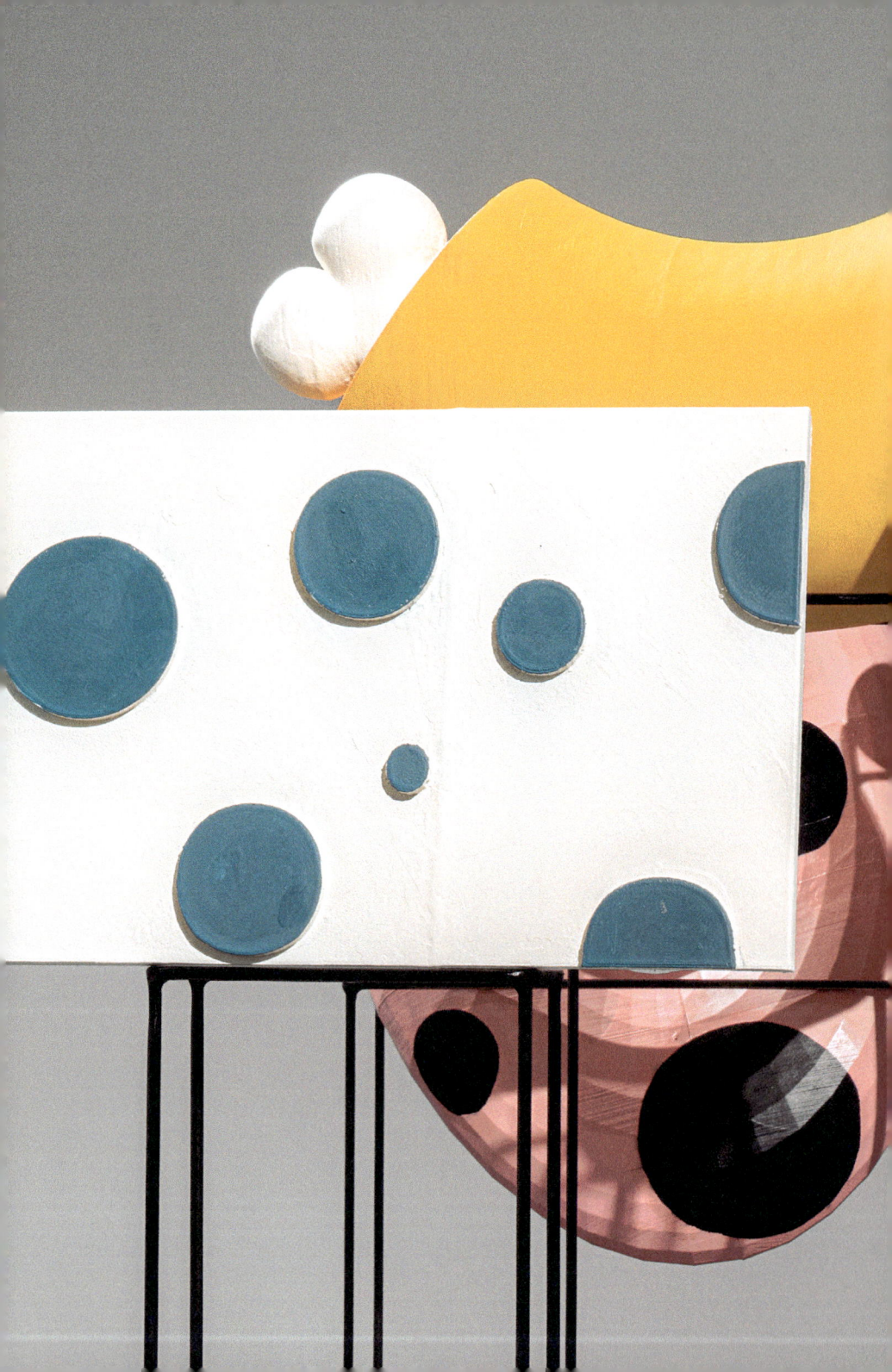

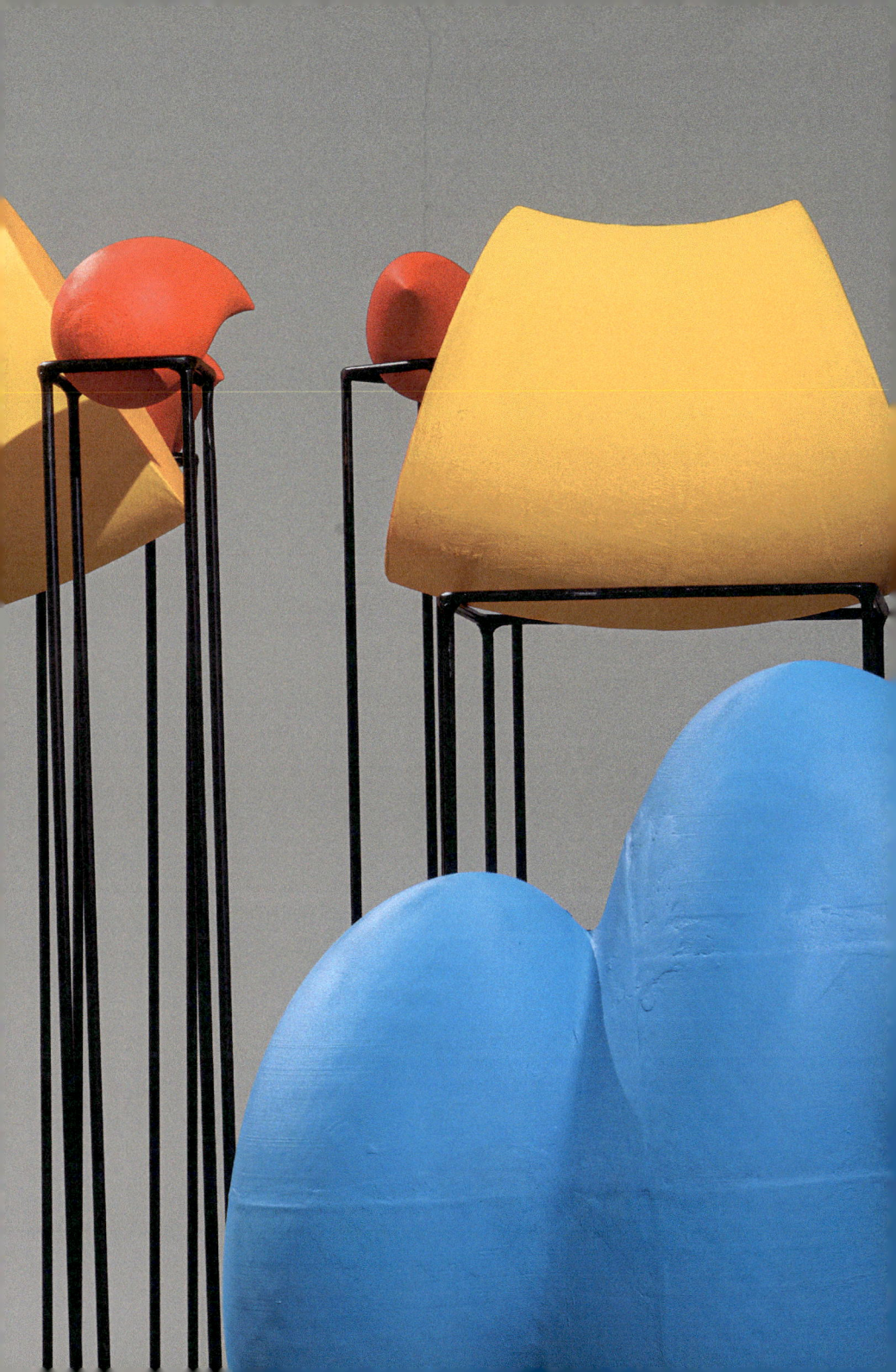

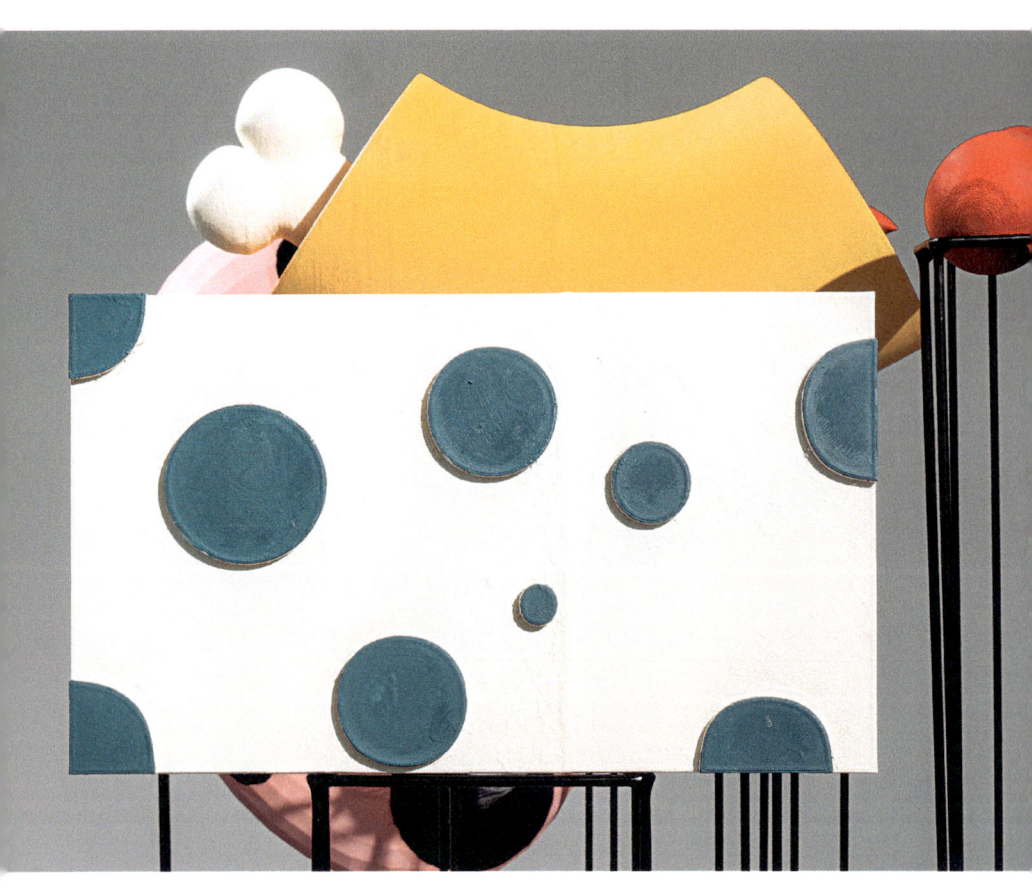

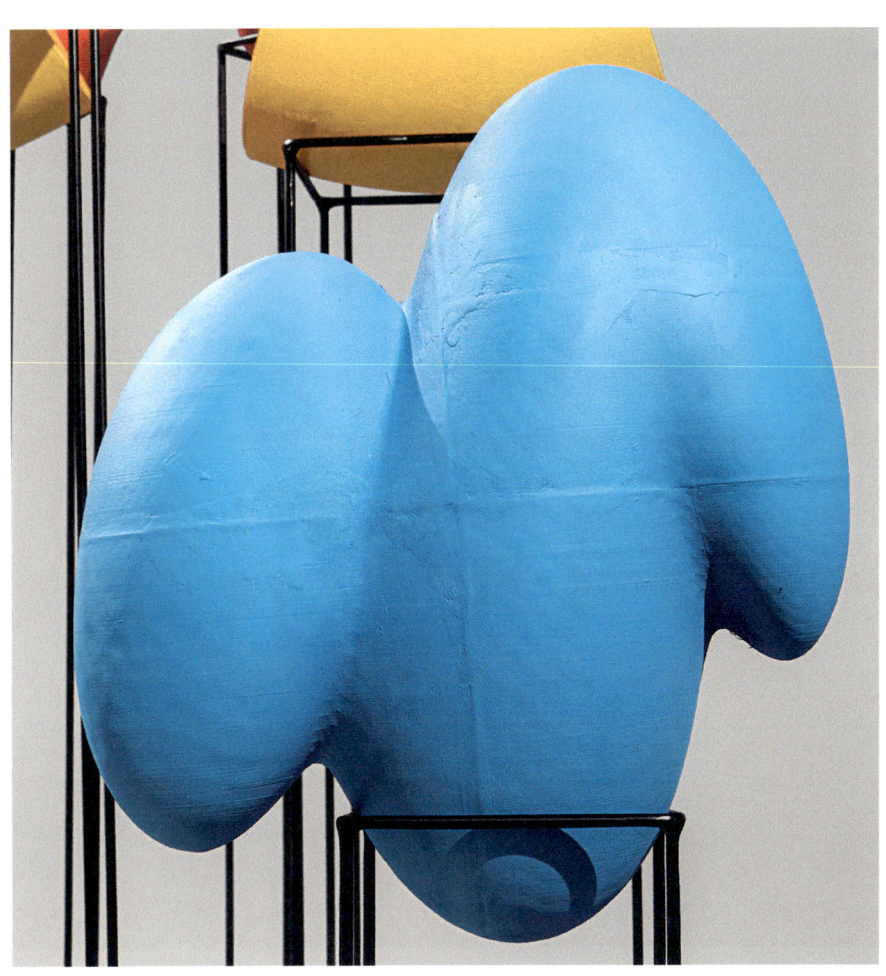

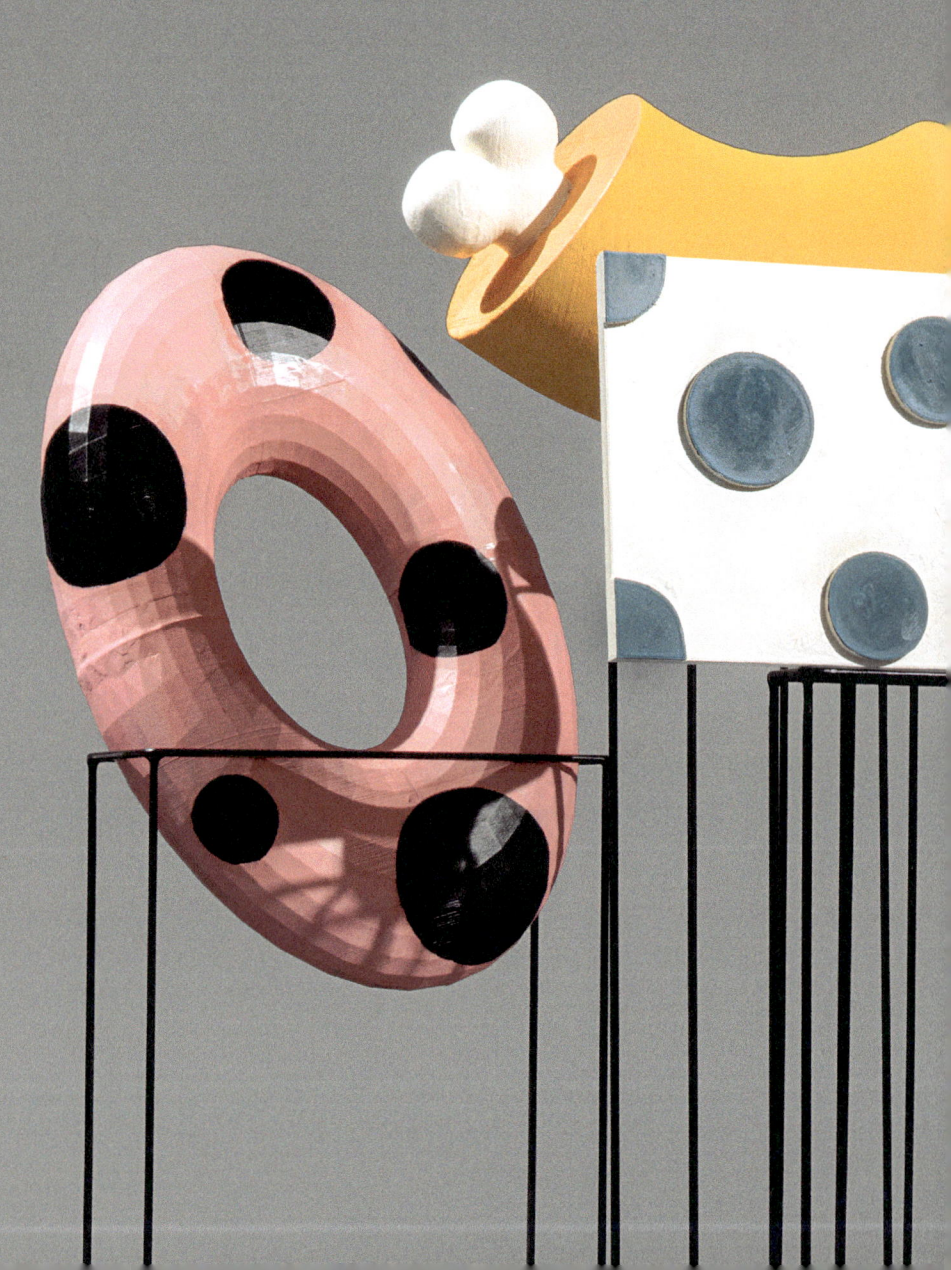

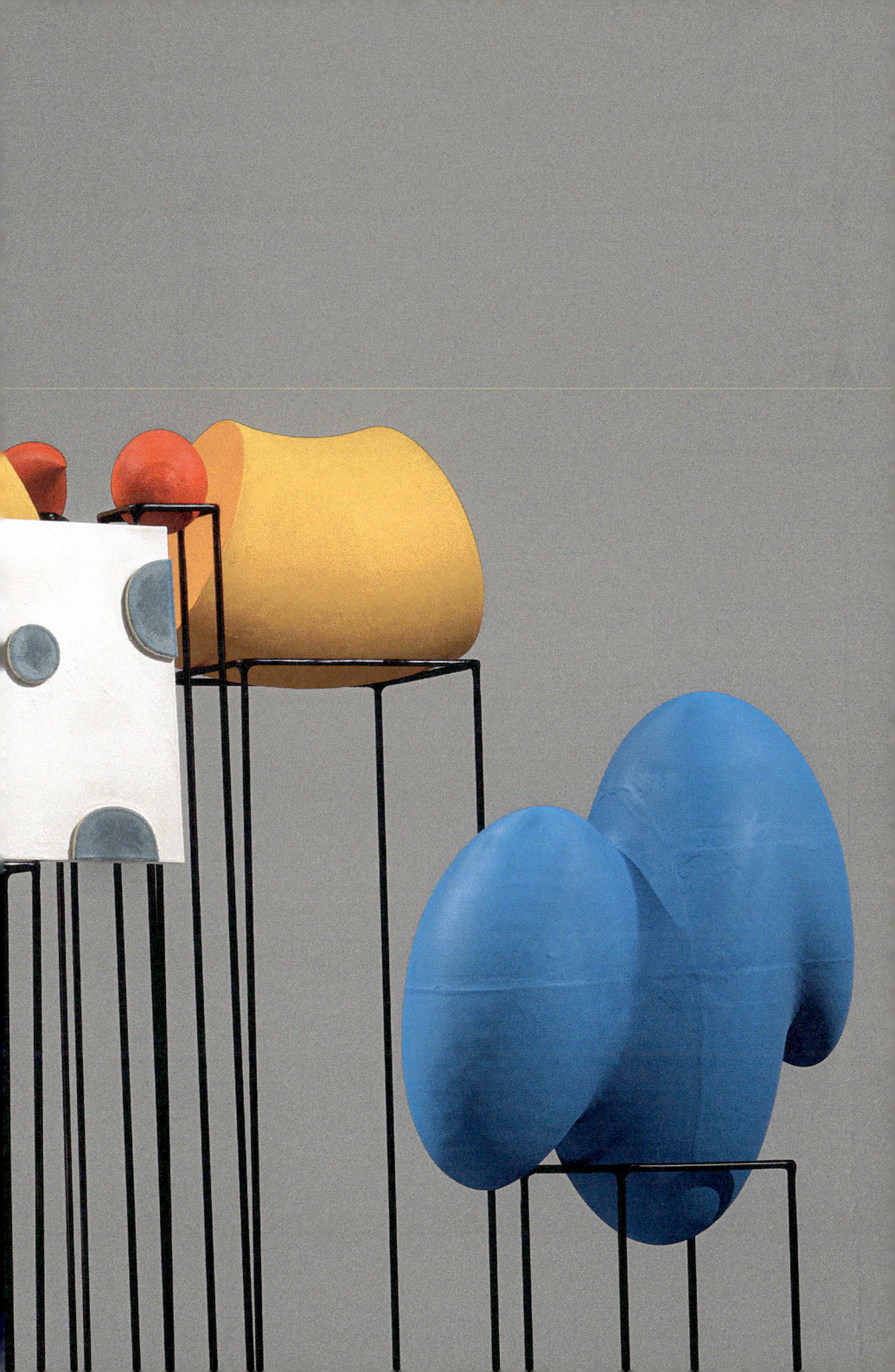

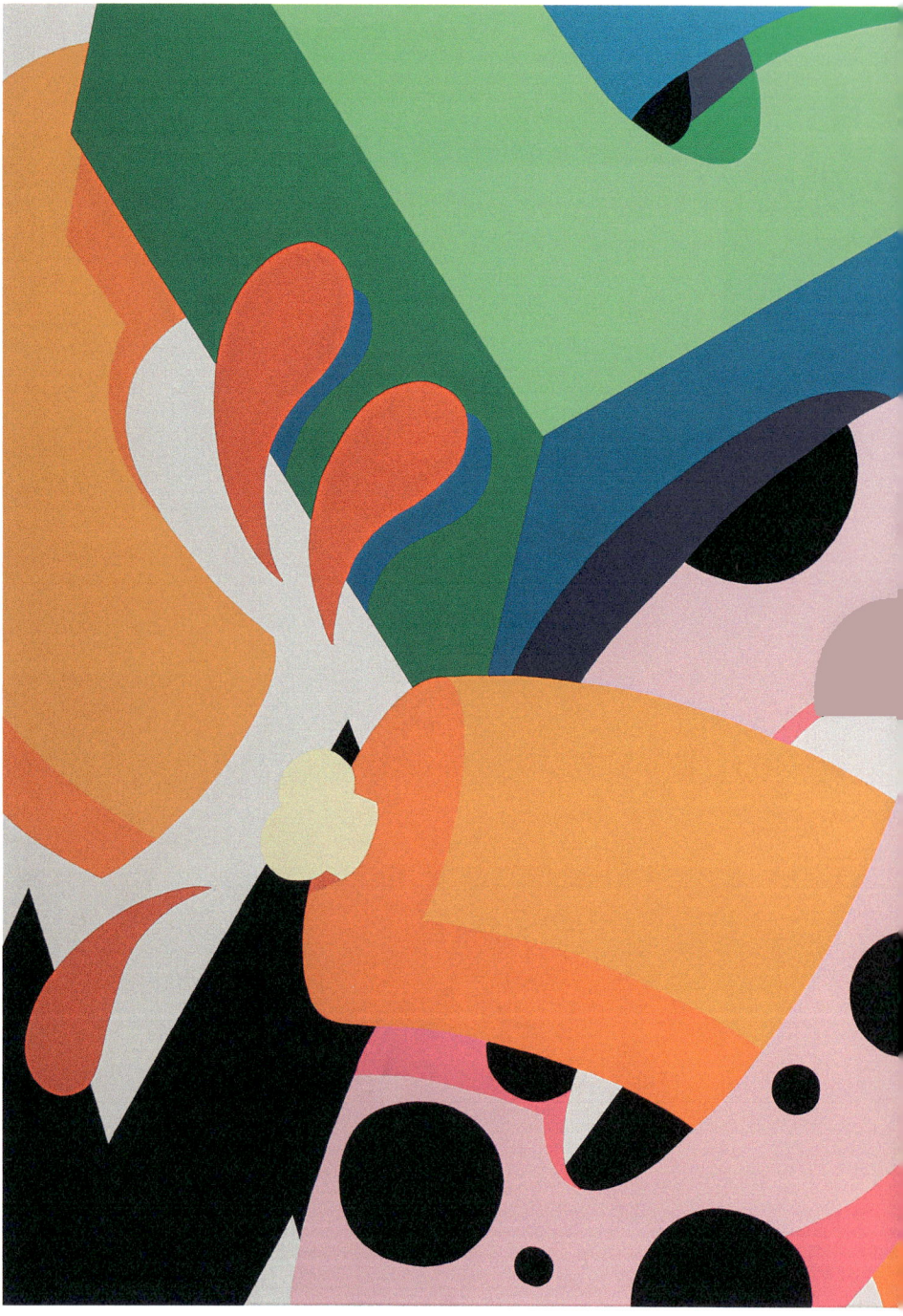

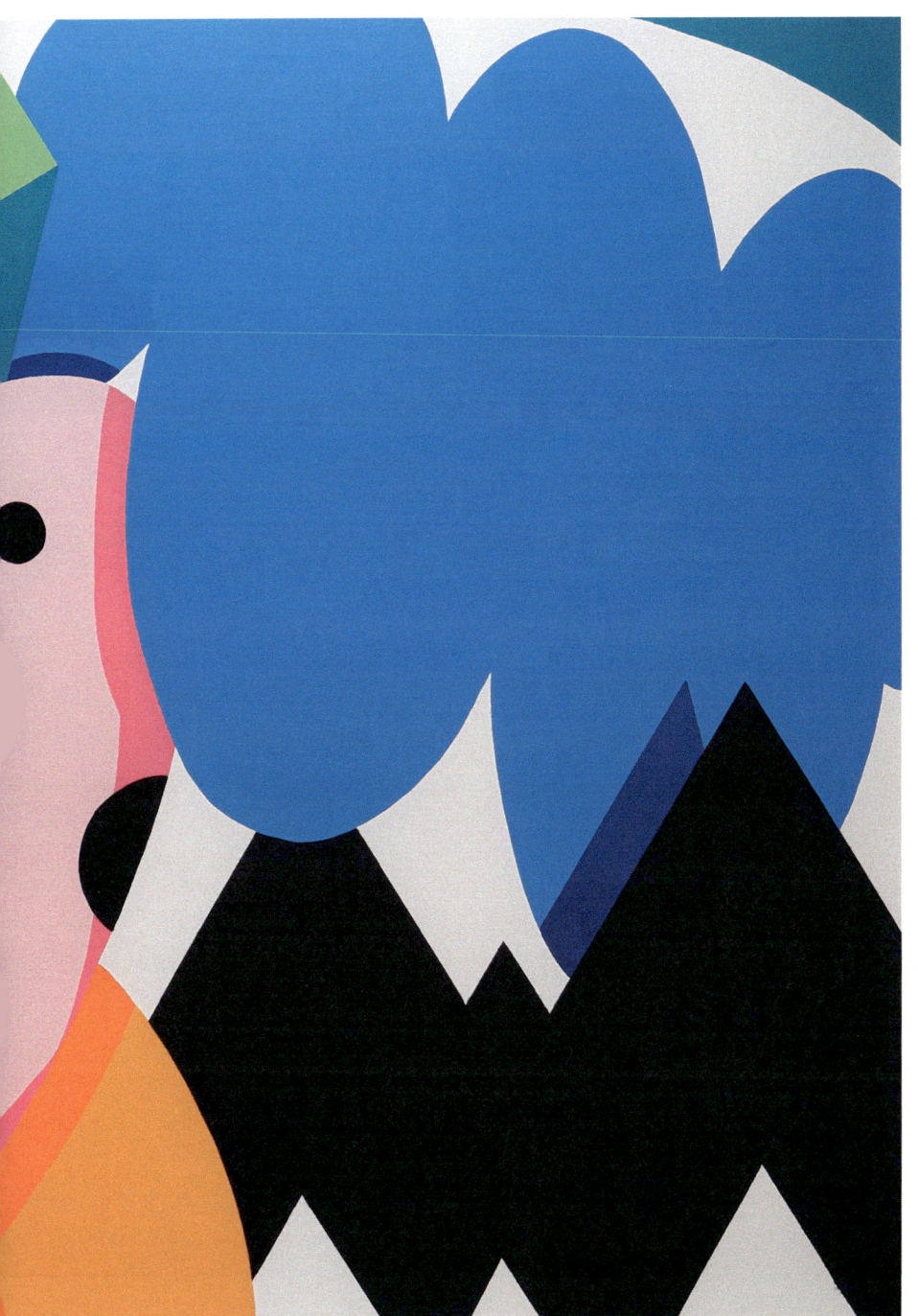

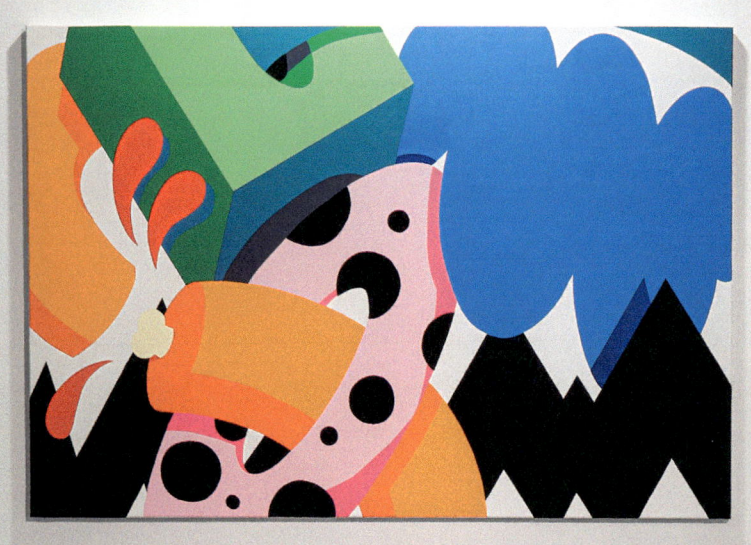

S/T, 2023
Rotulador Posca y spray sobre lienzo
130x195 cm

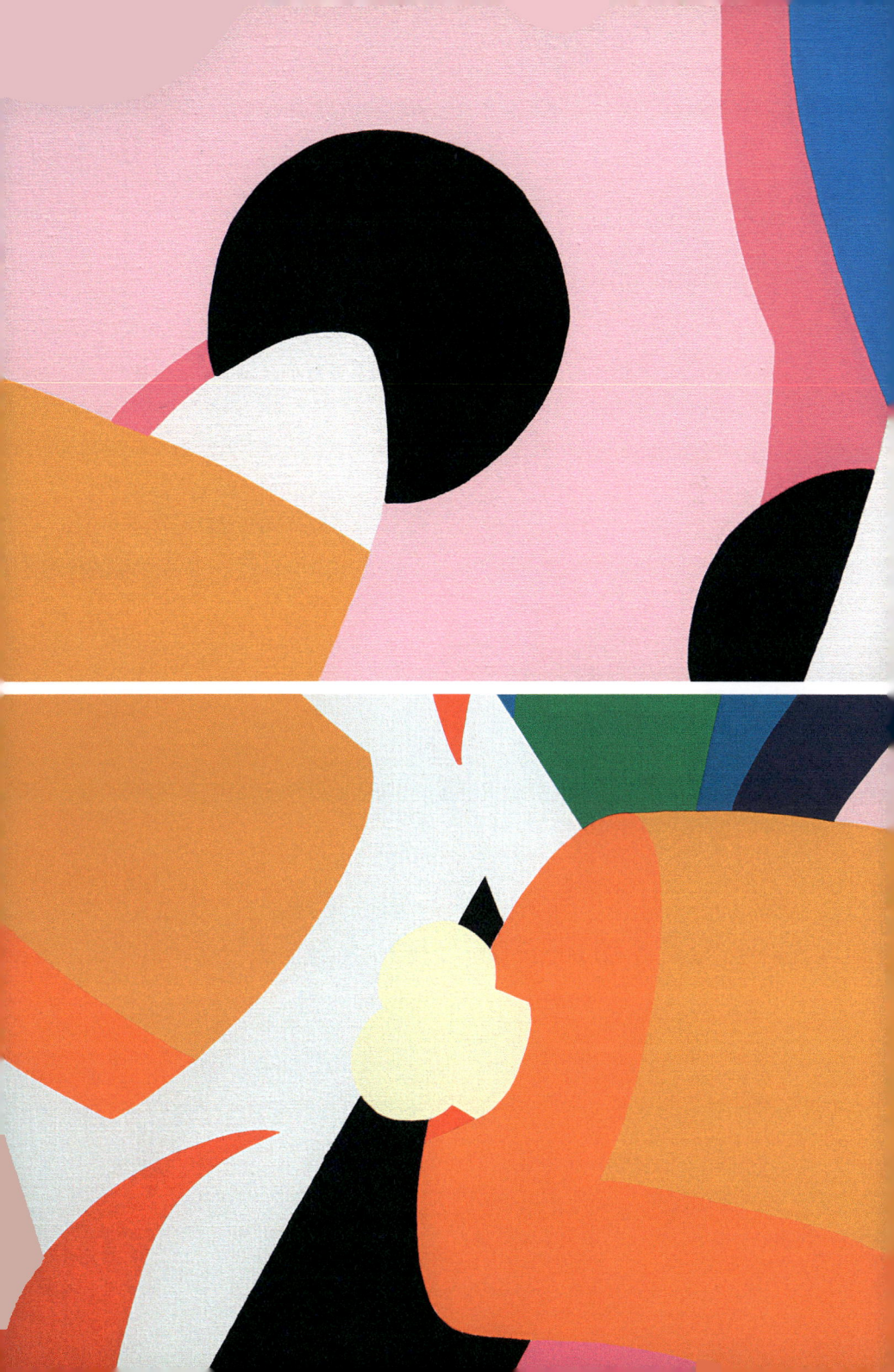

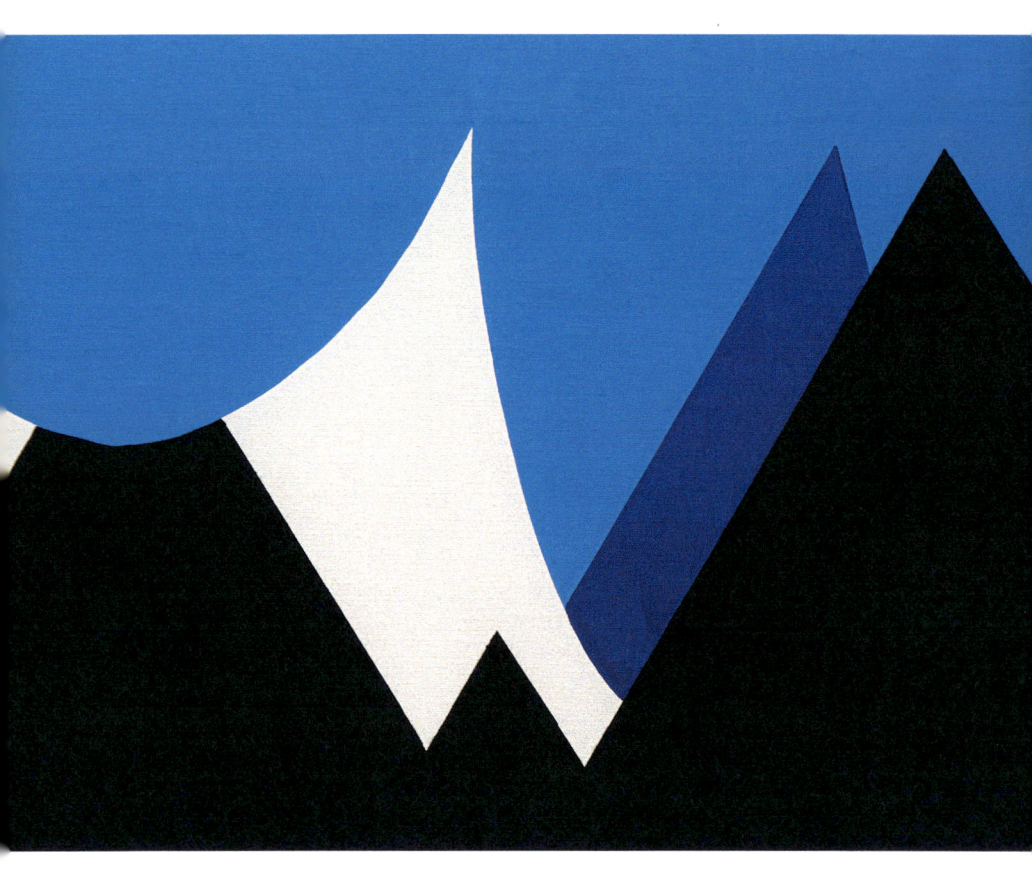

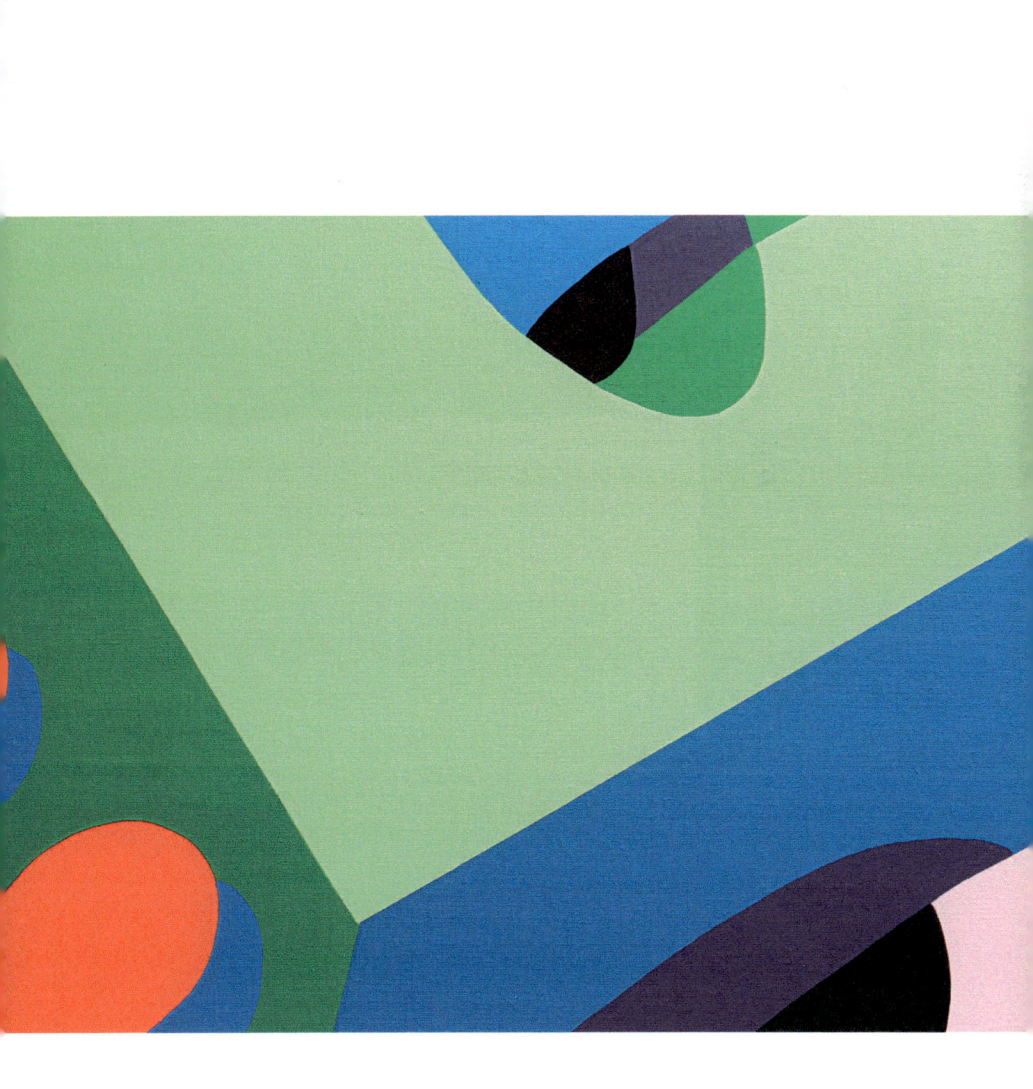

Jaula de diseño para objetos inanimados, 2023 (tres piezas)
Metacrilato y peluche (tela y algodón)
60x90x25 cm c/u

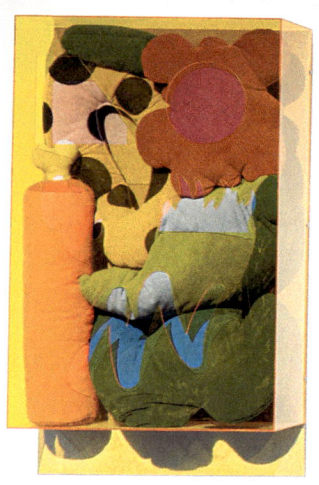

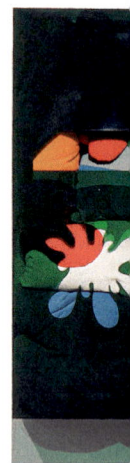

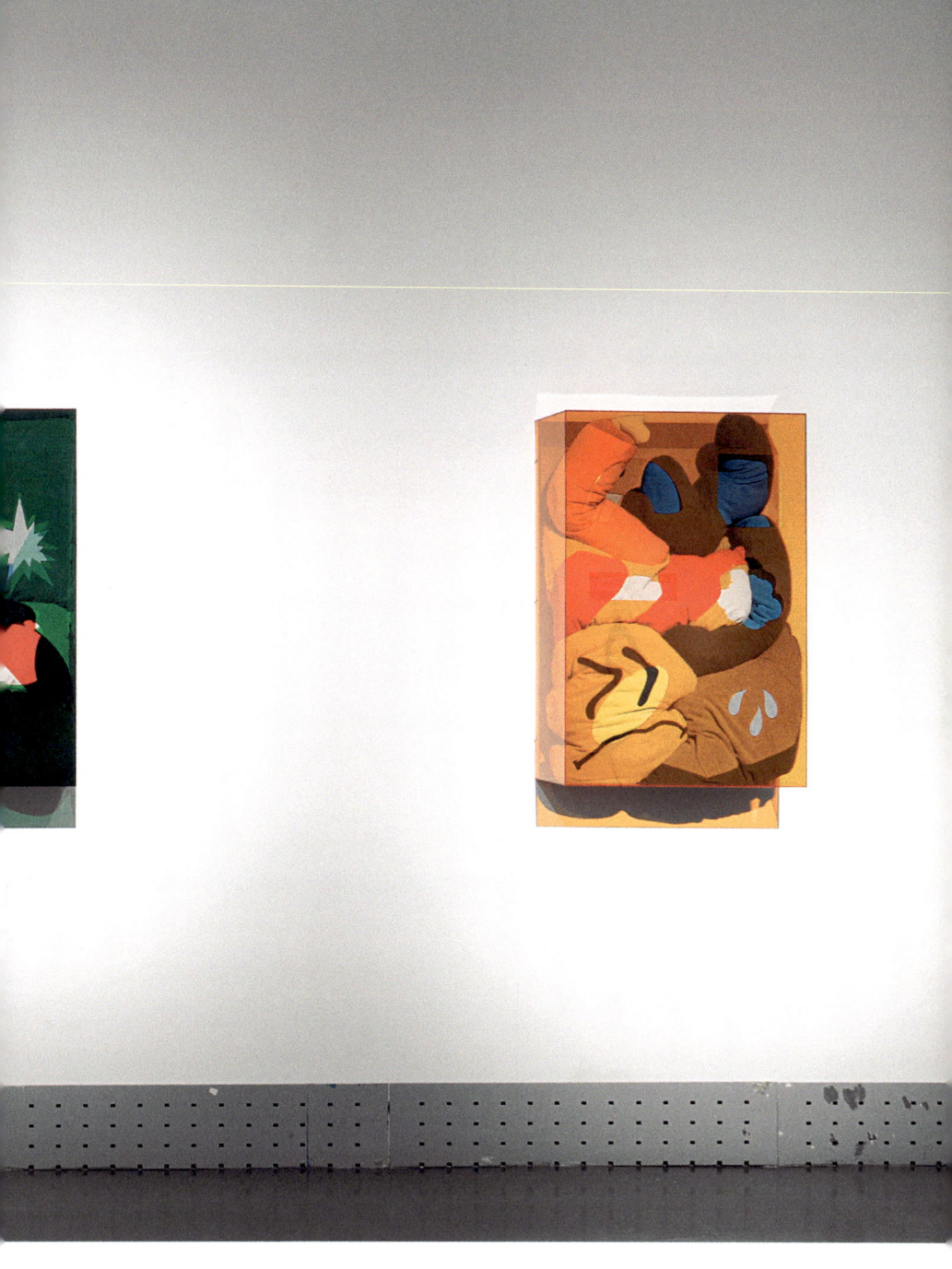

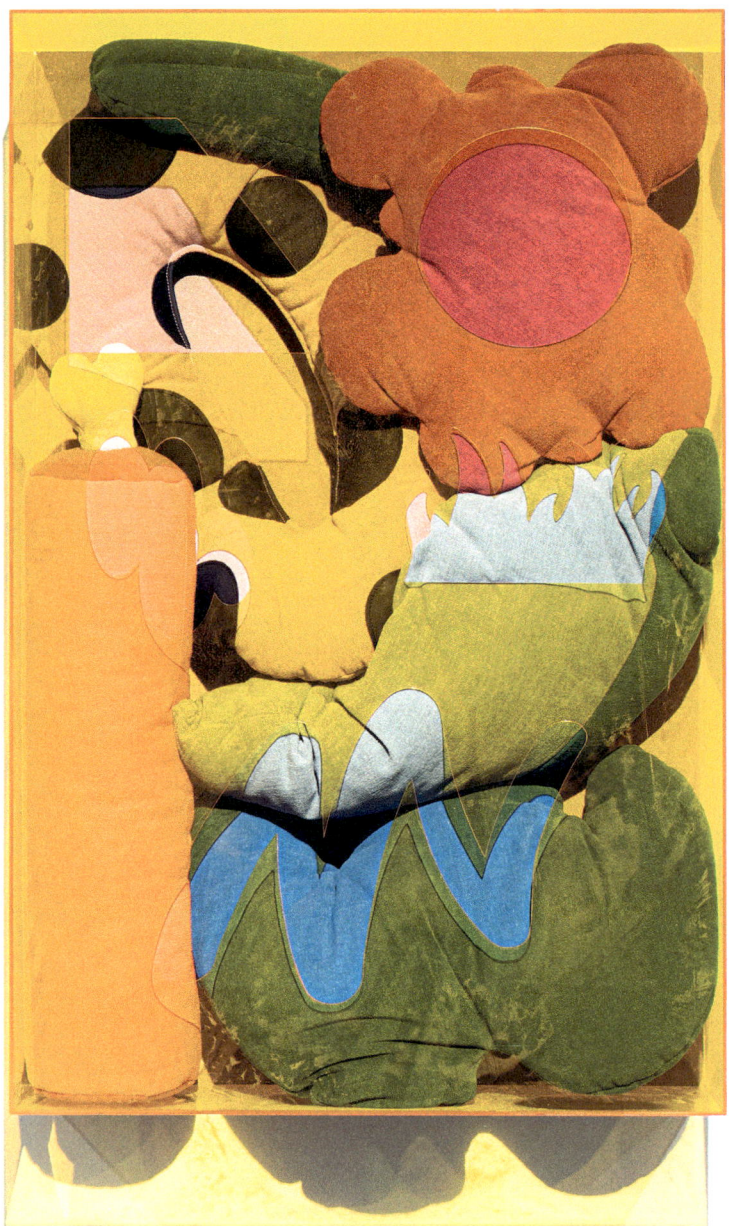

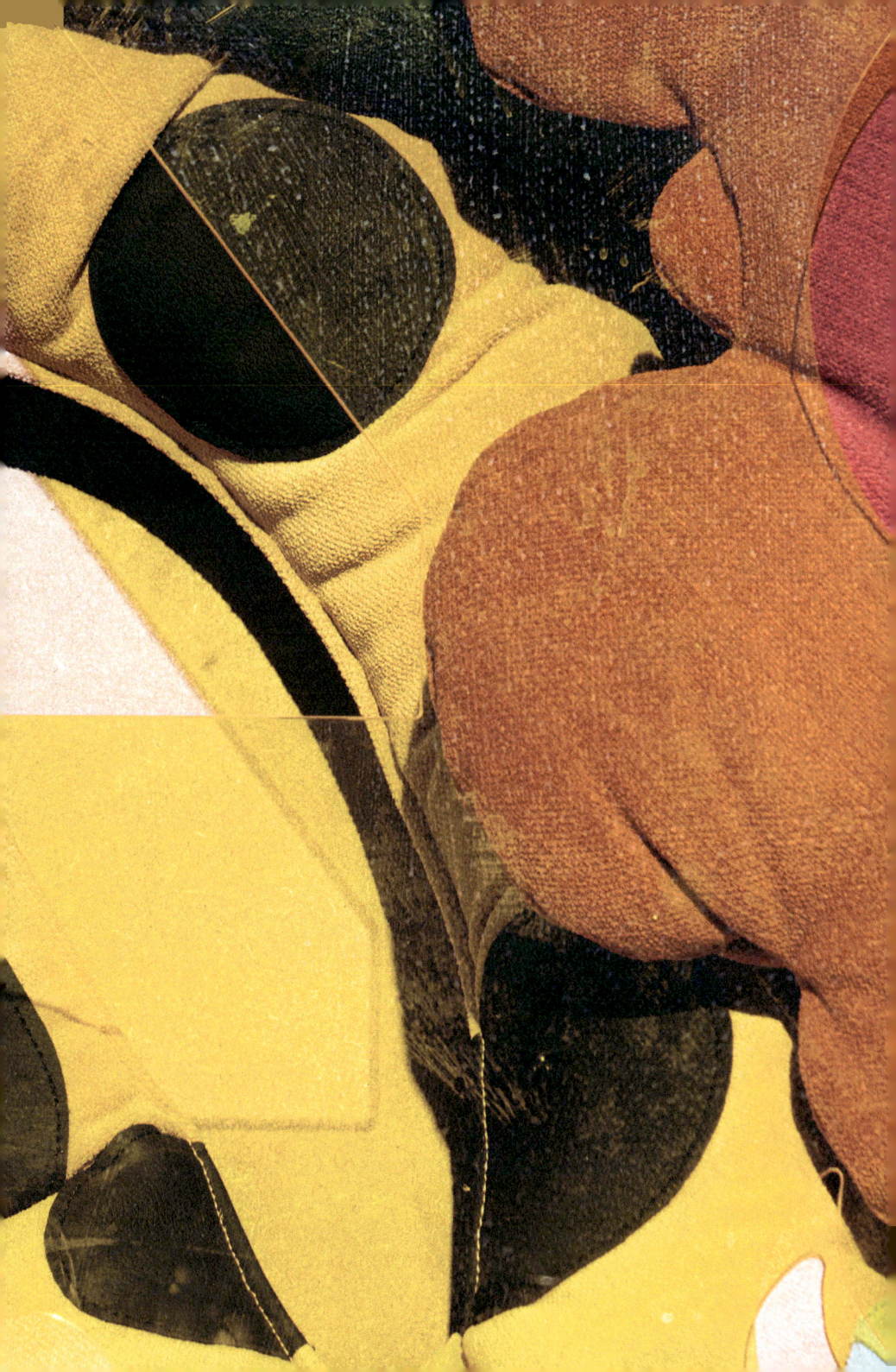

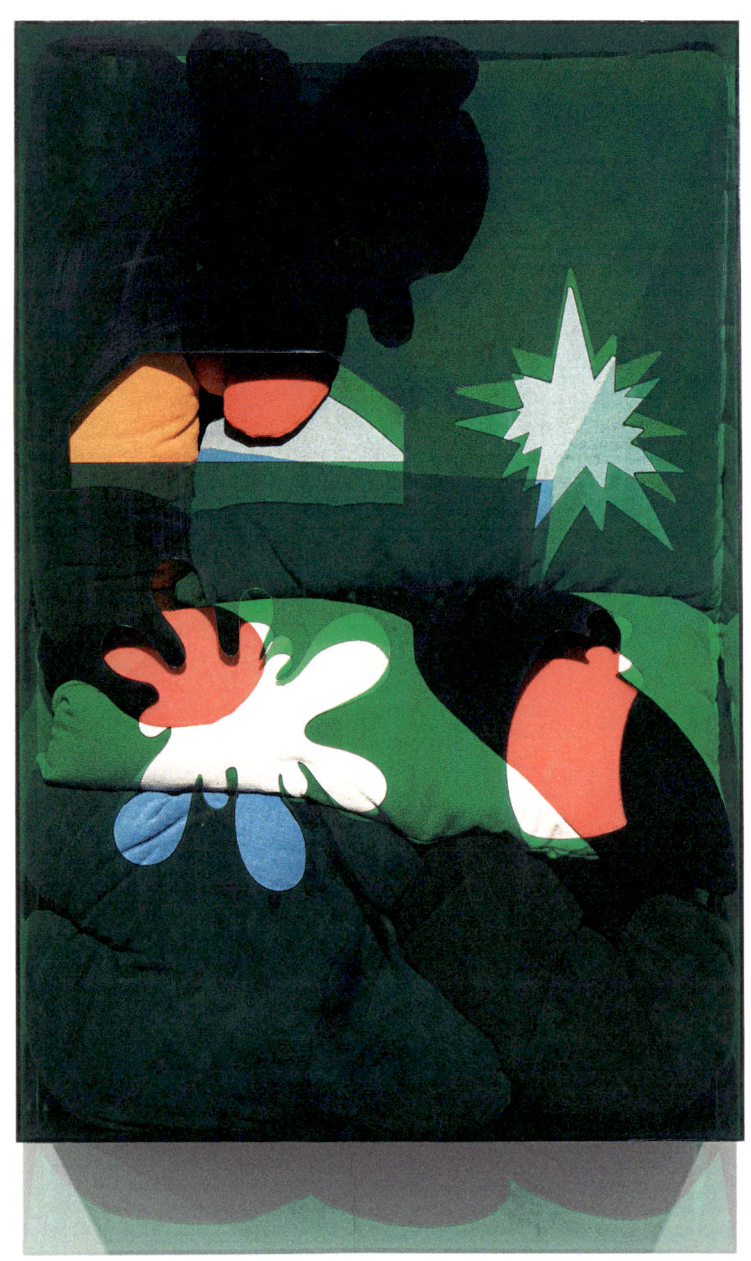

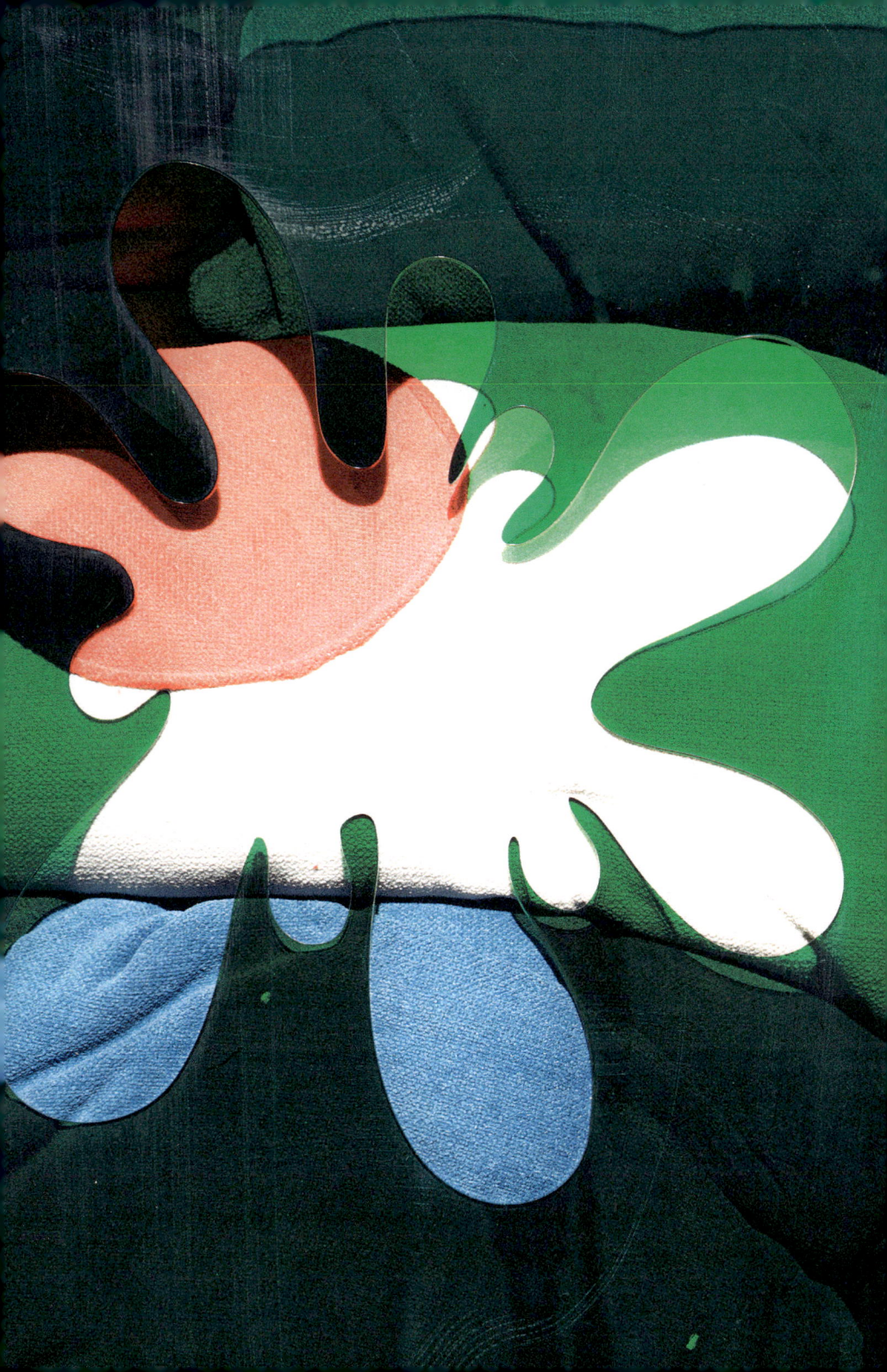

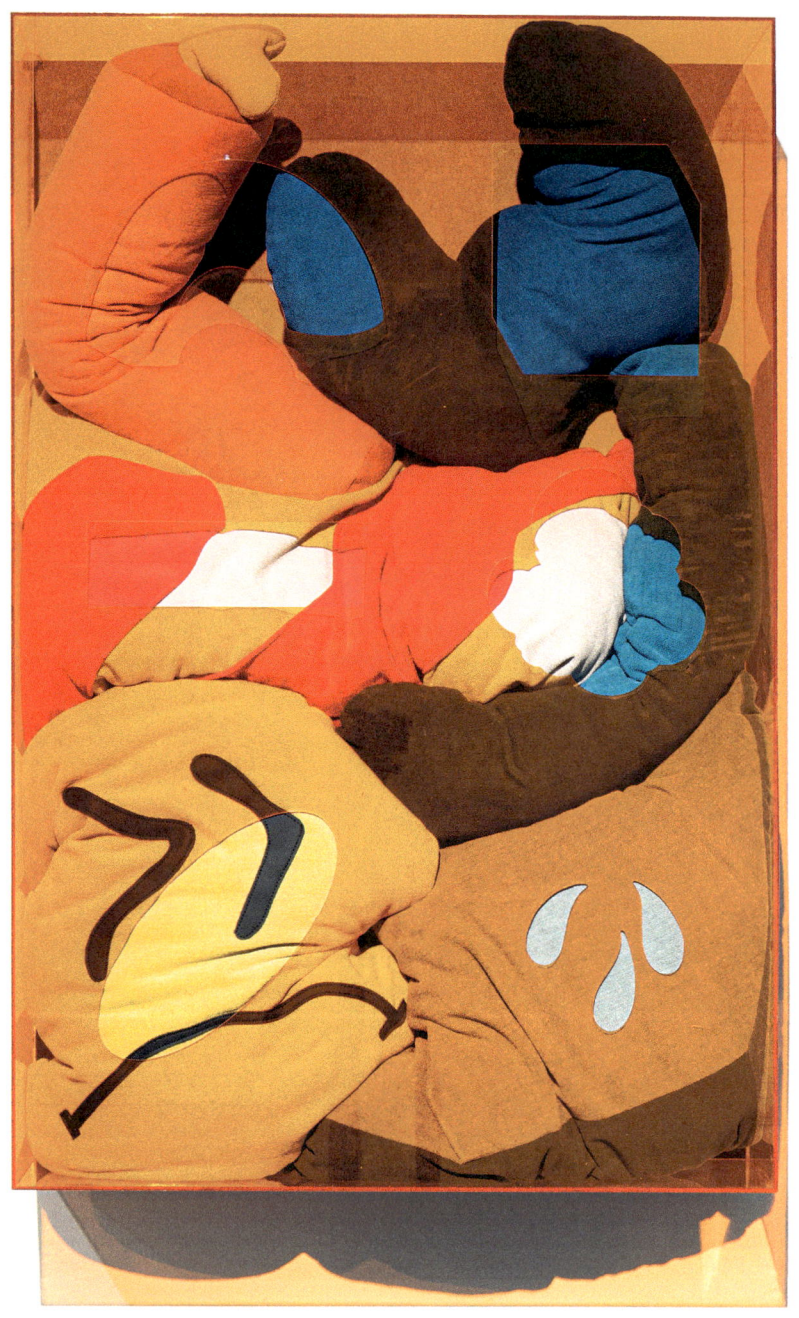

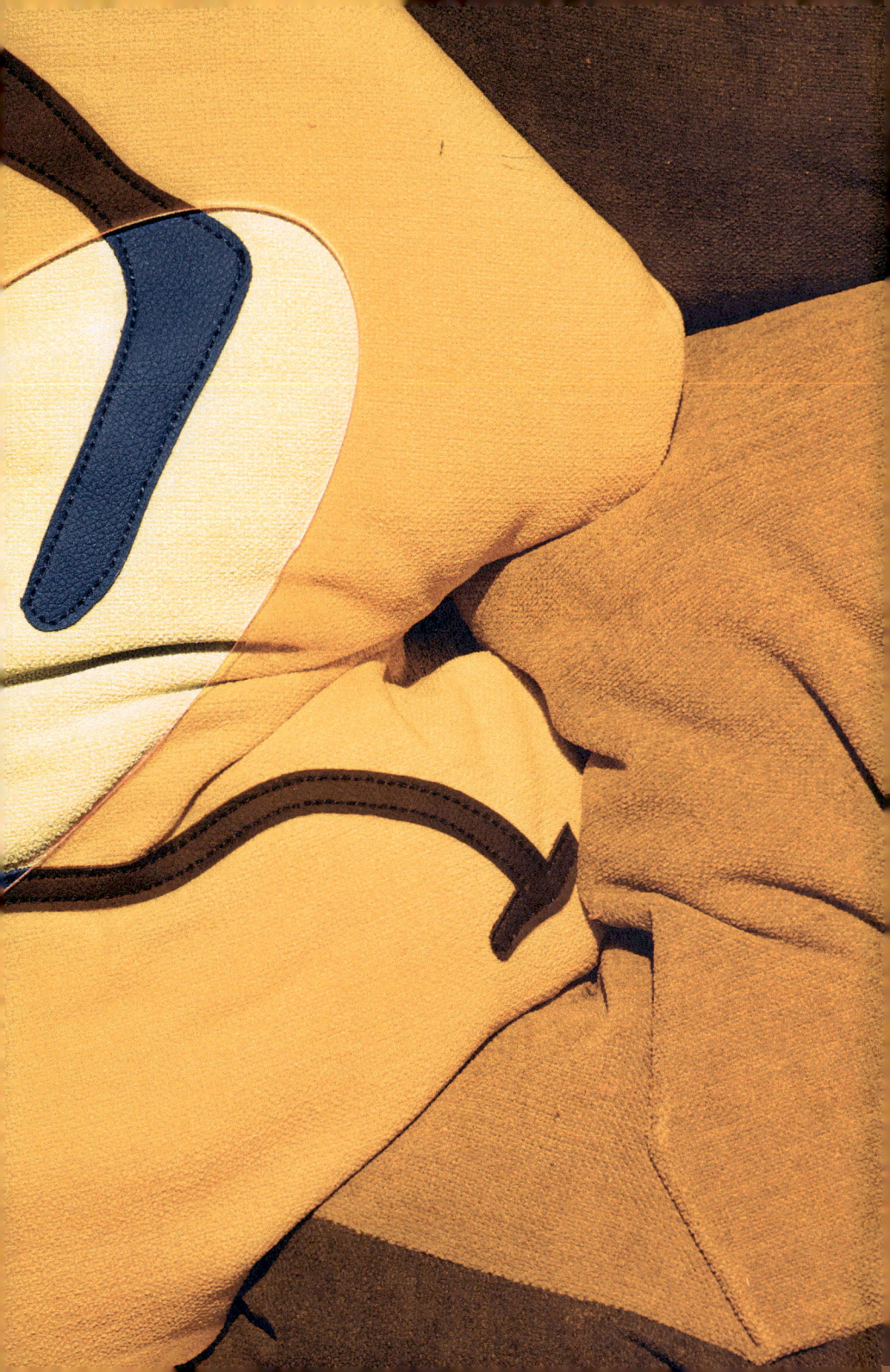

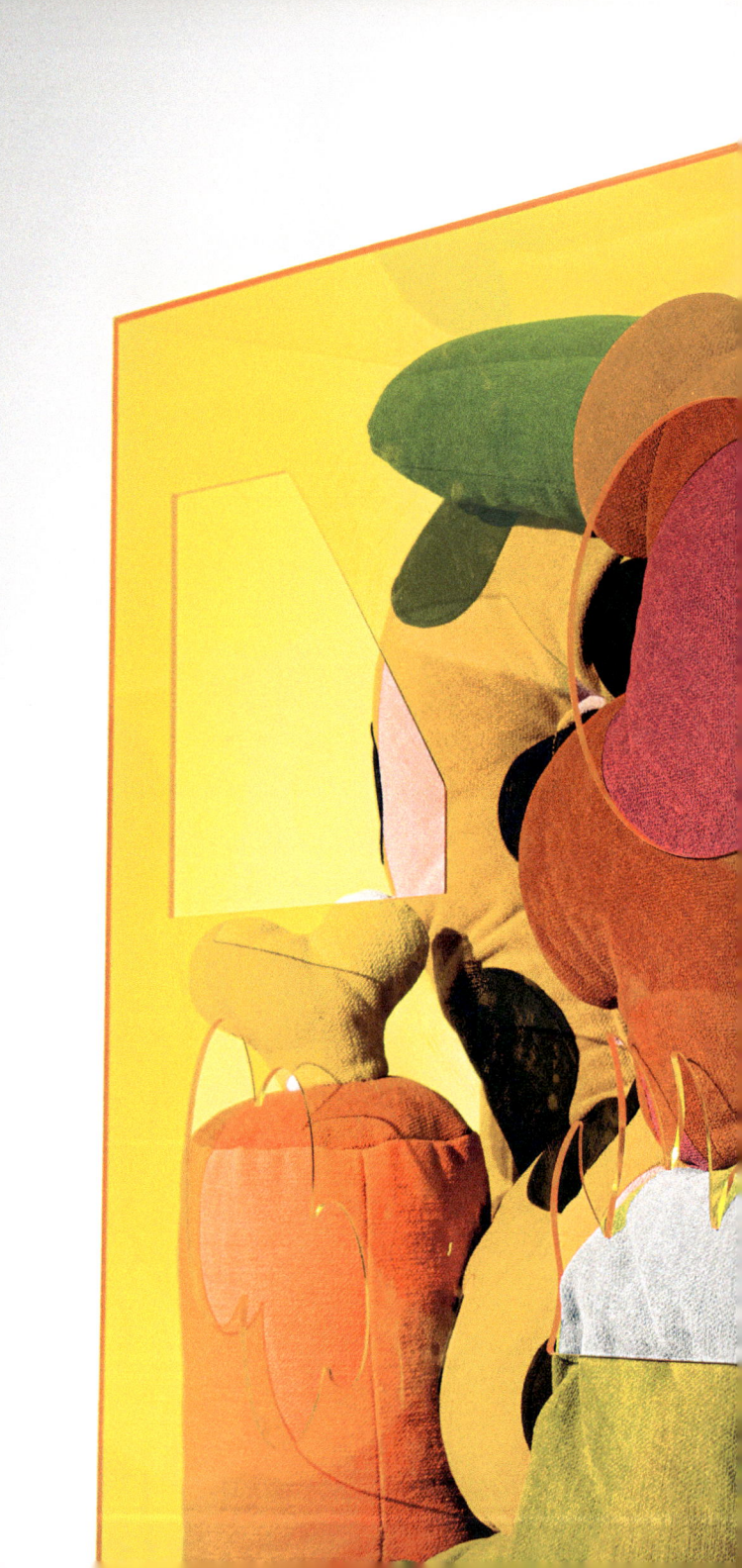

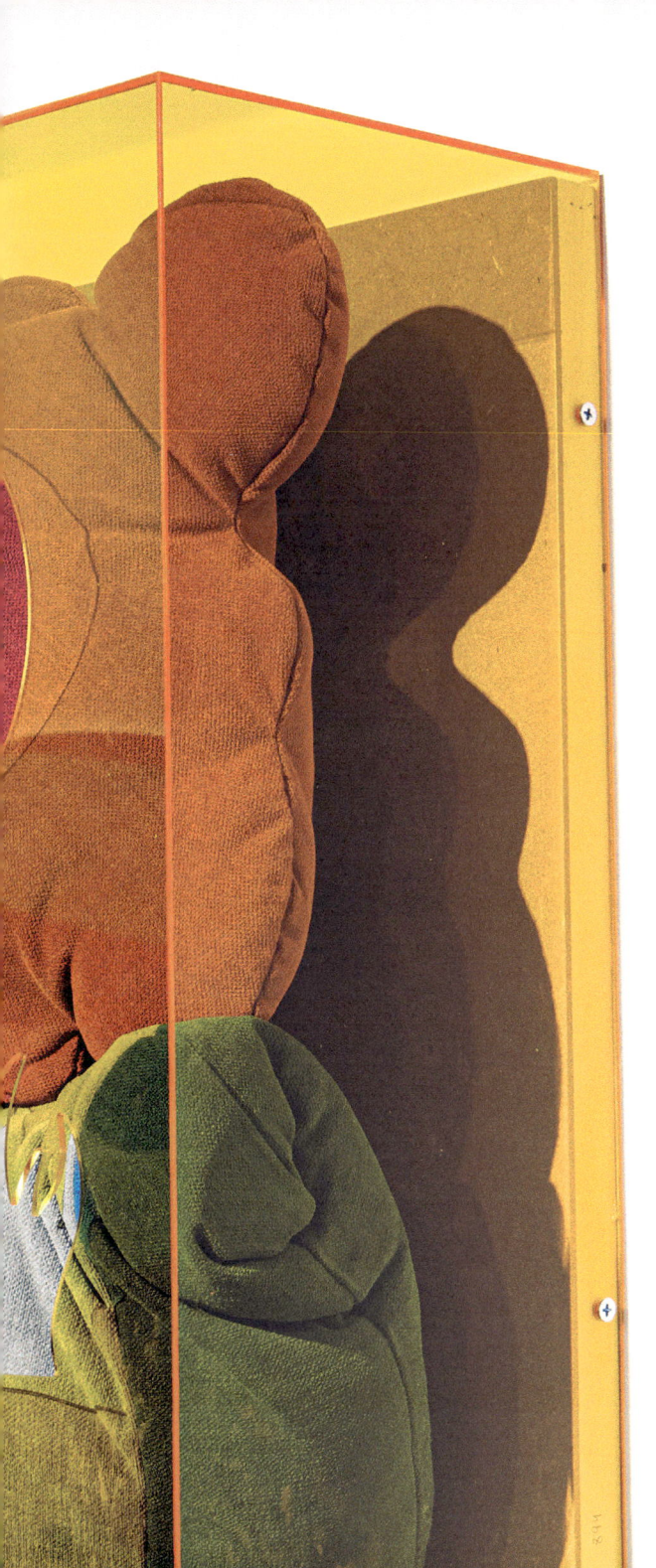

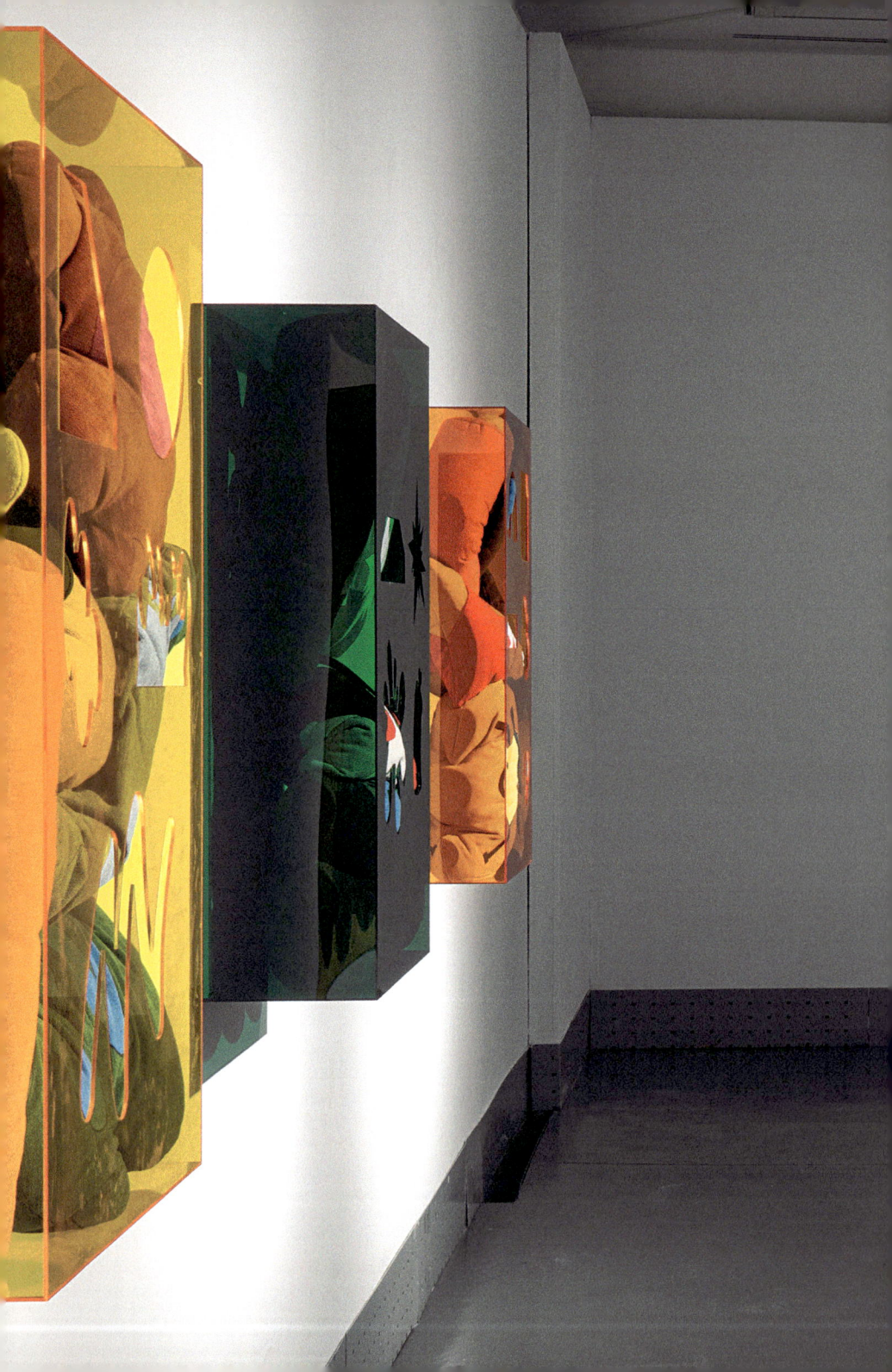

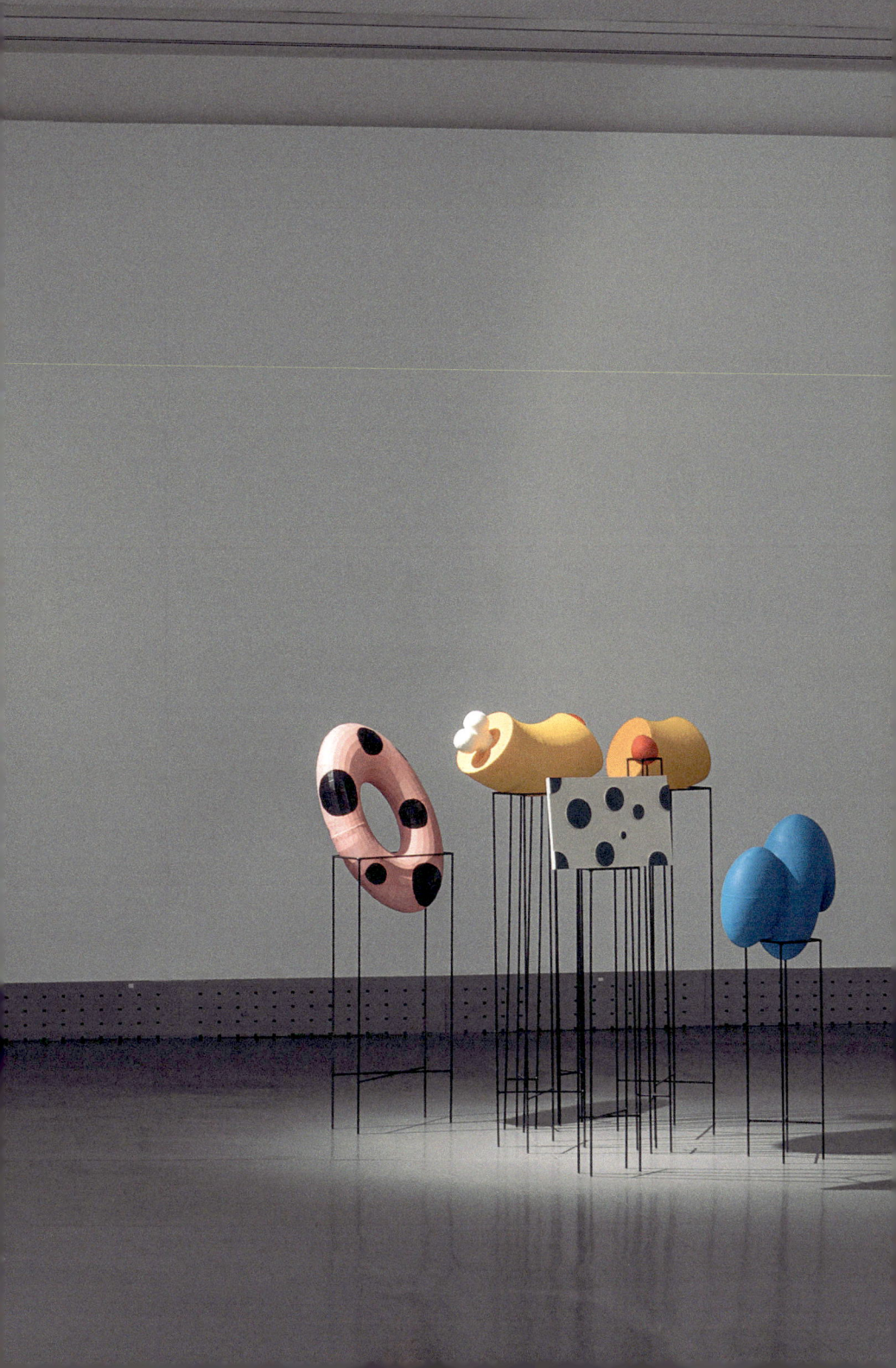

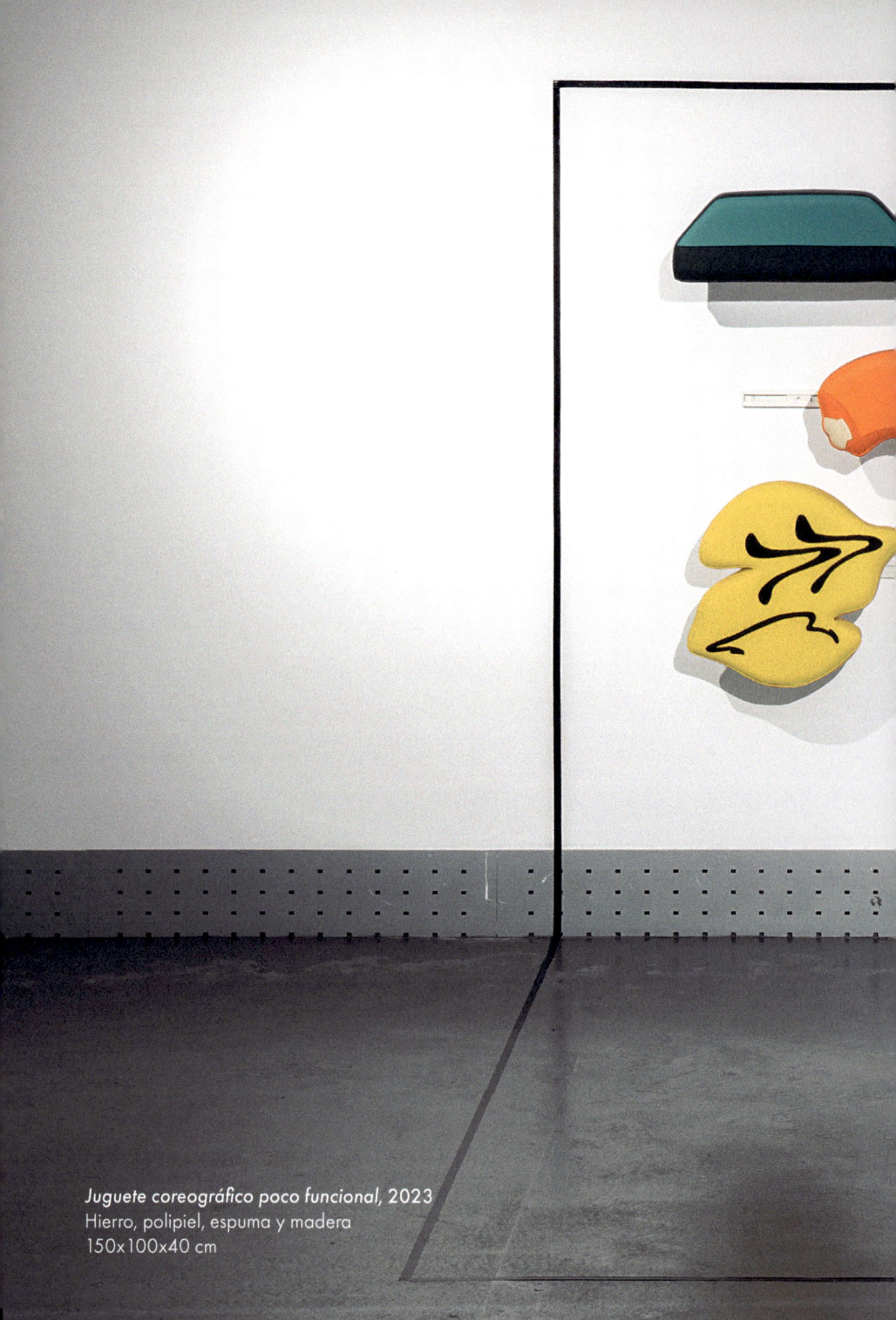

Juguete coreográfico poco funcional, 2023
Hierro, polipiel, espuma y madera
150x100x40 cm

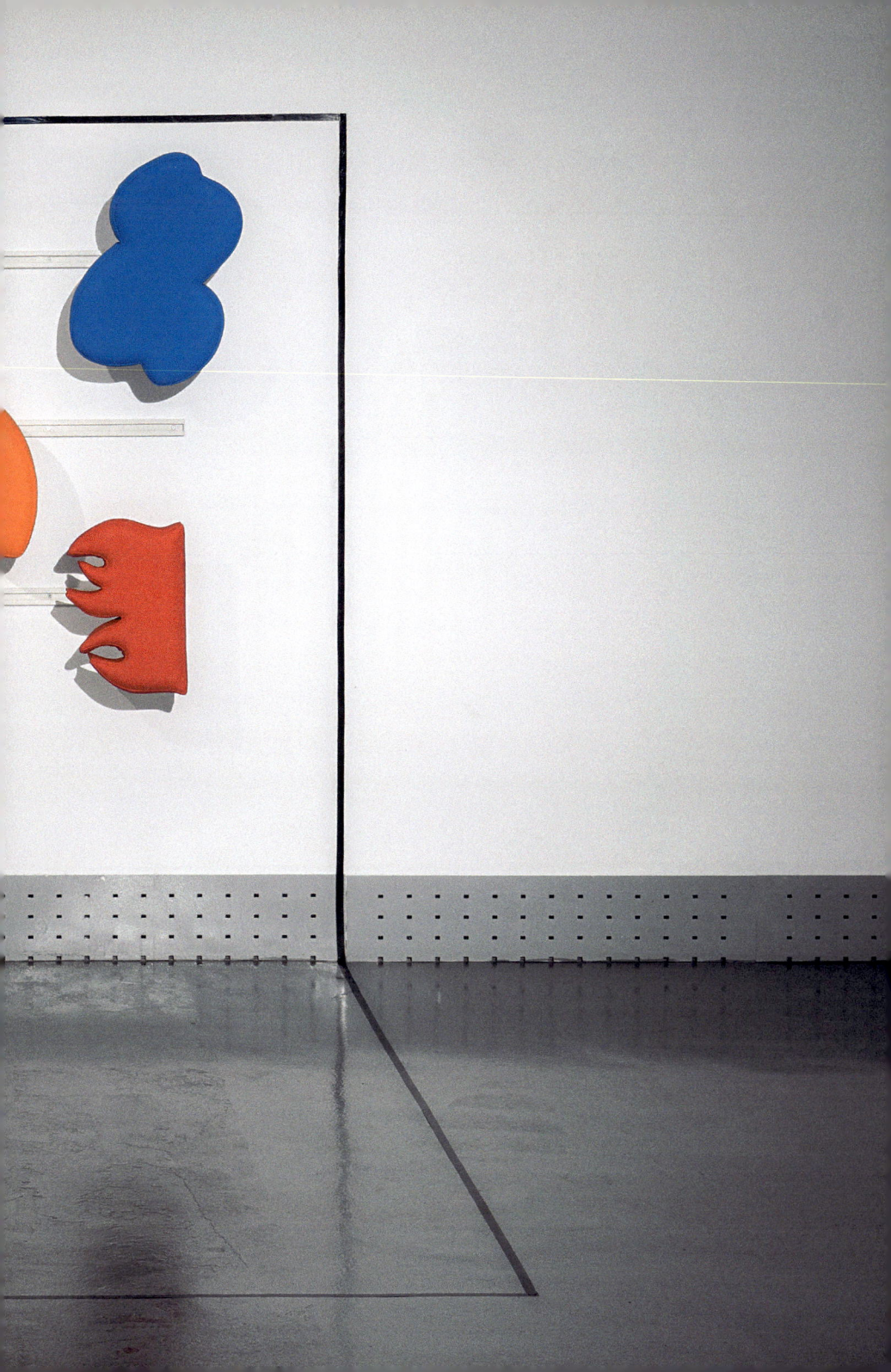

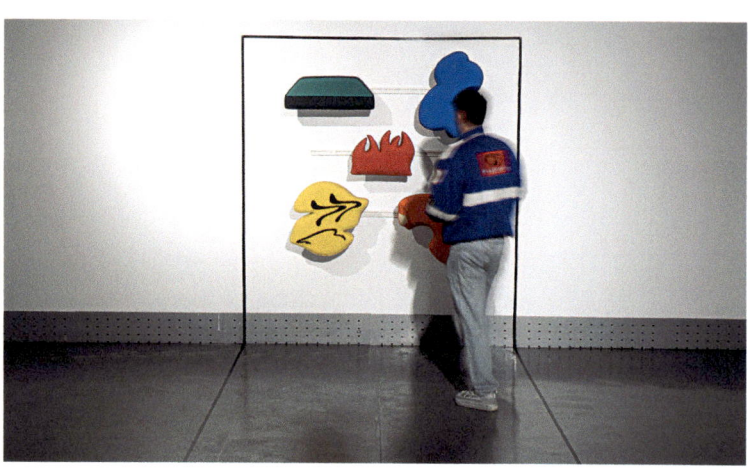

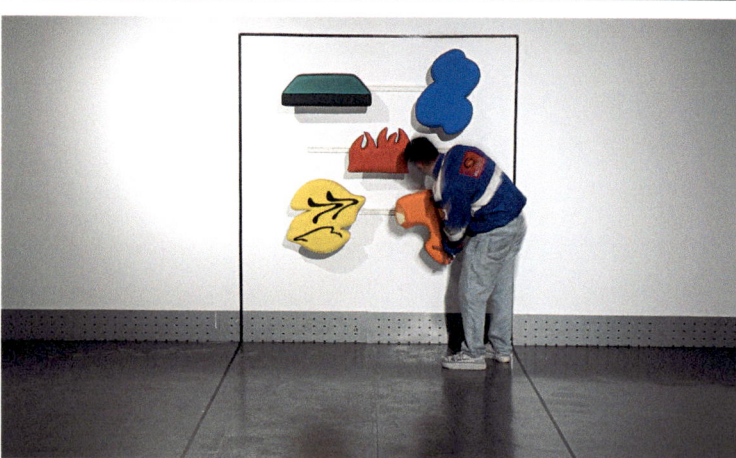

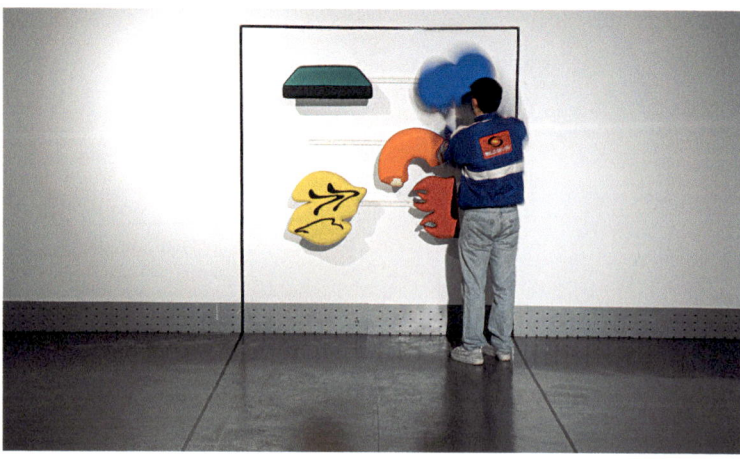

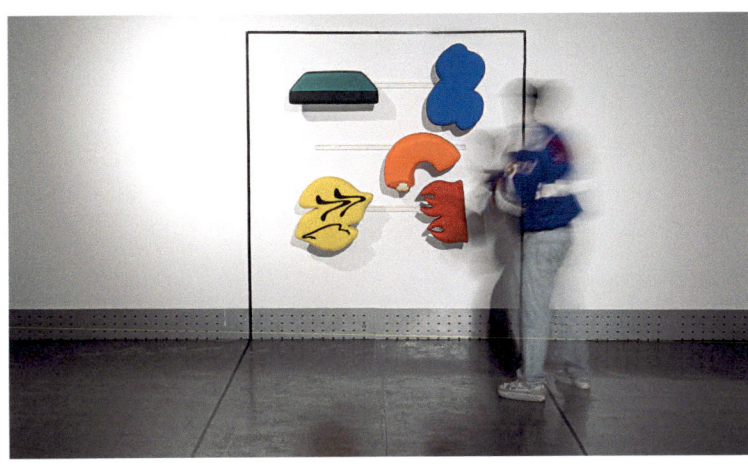
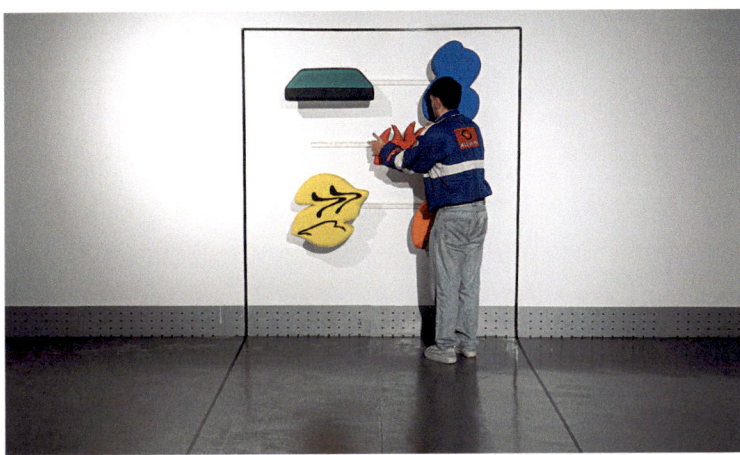
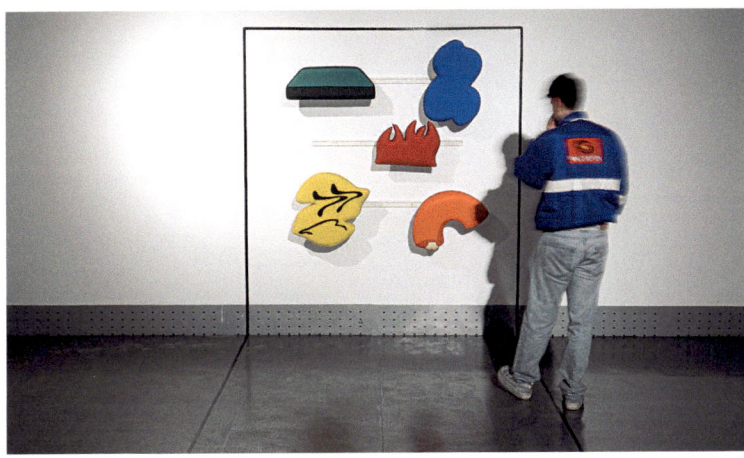

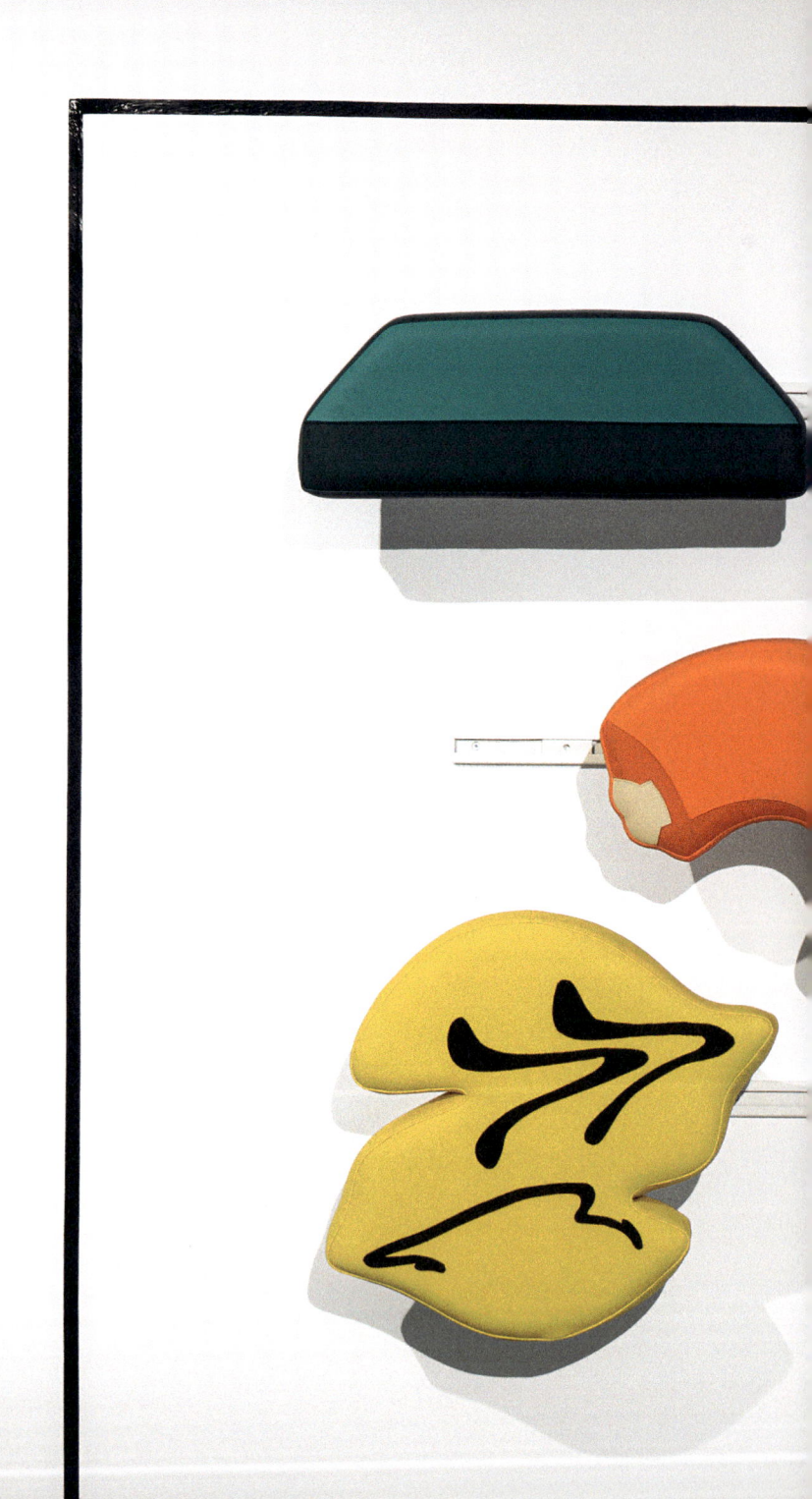

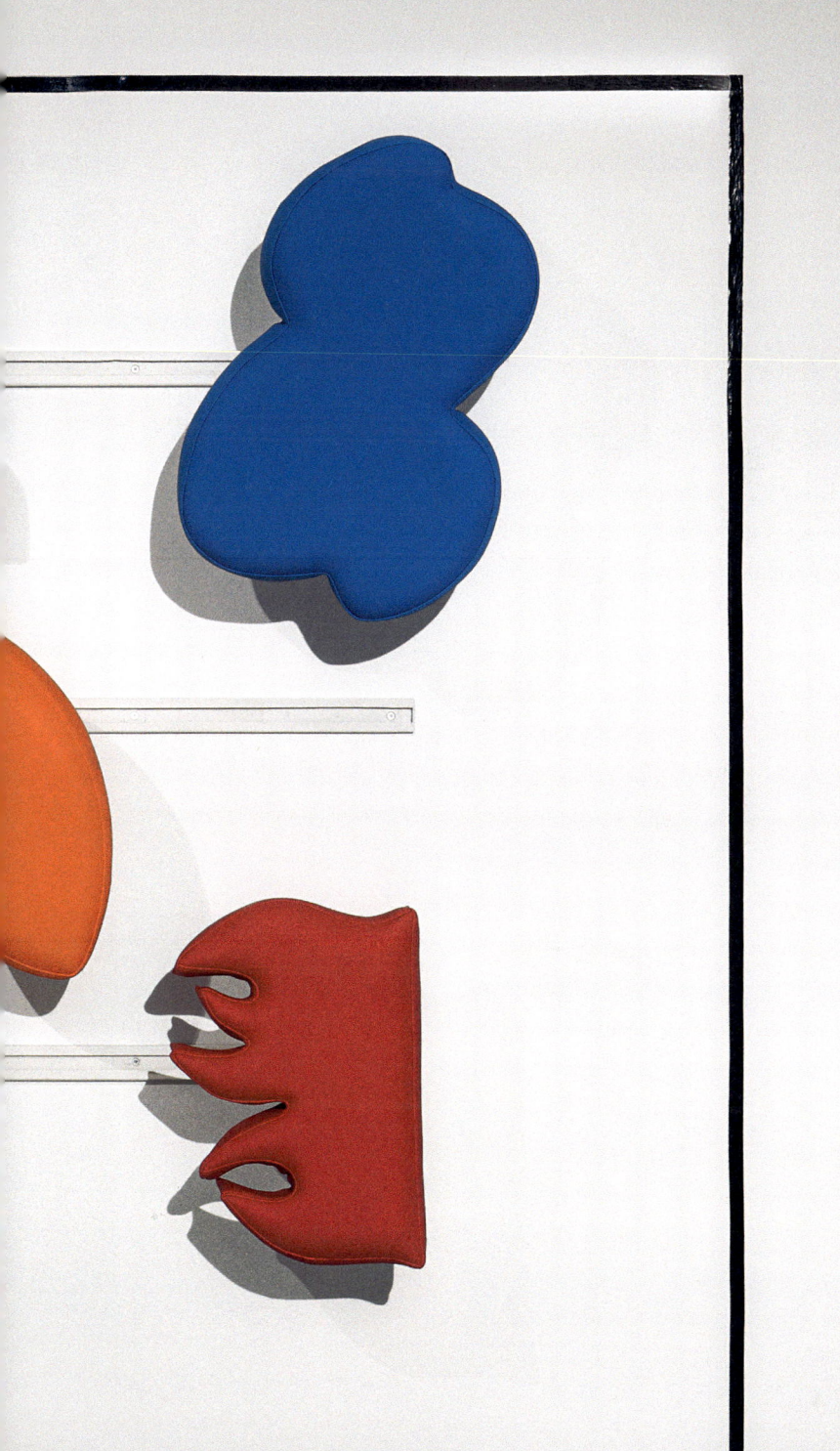

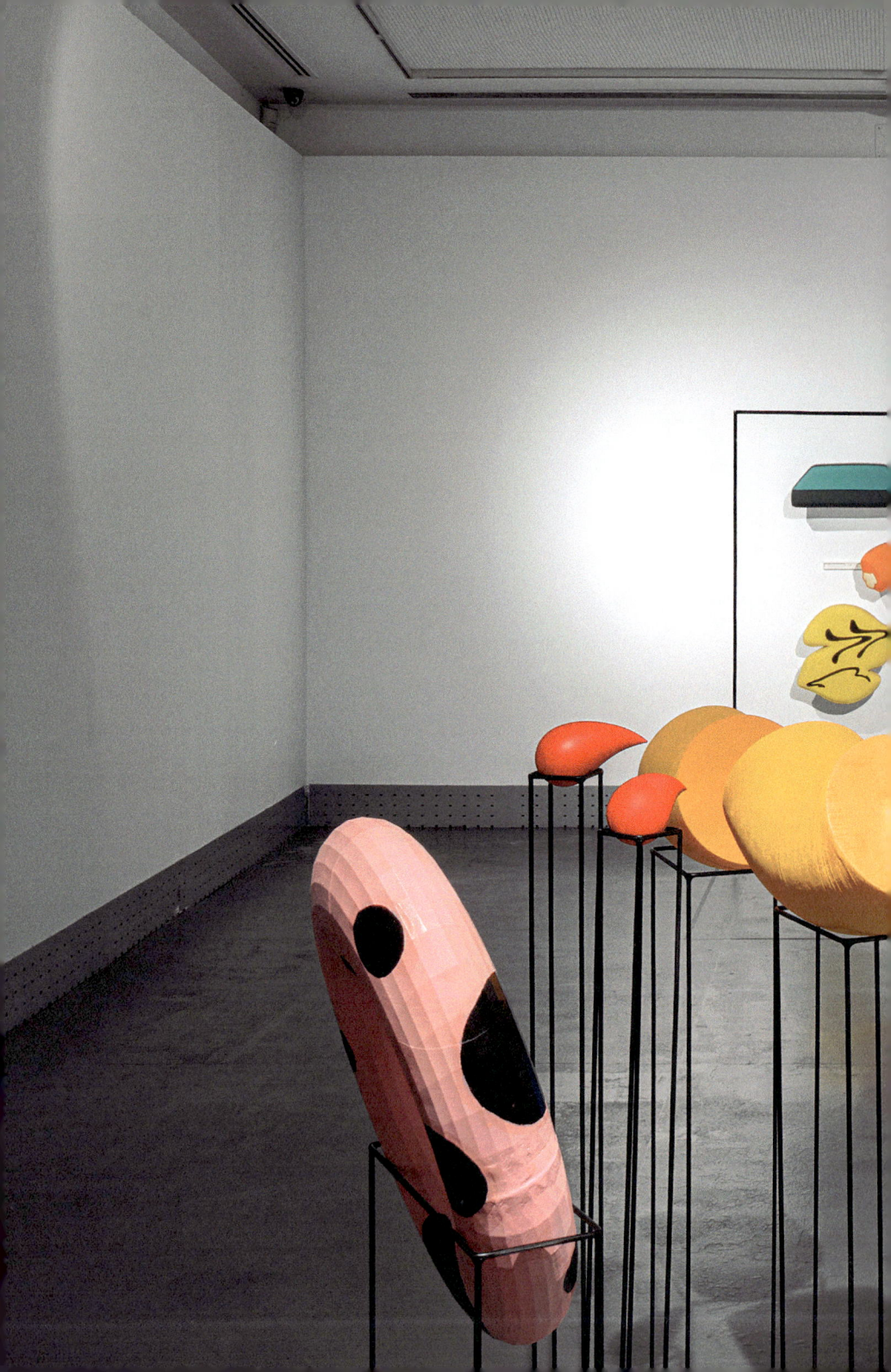

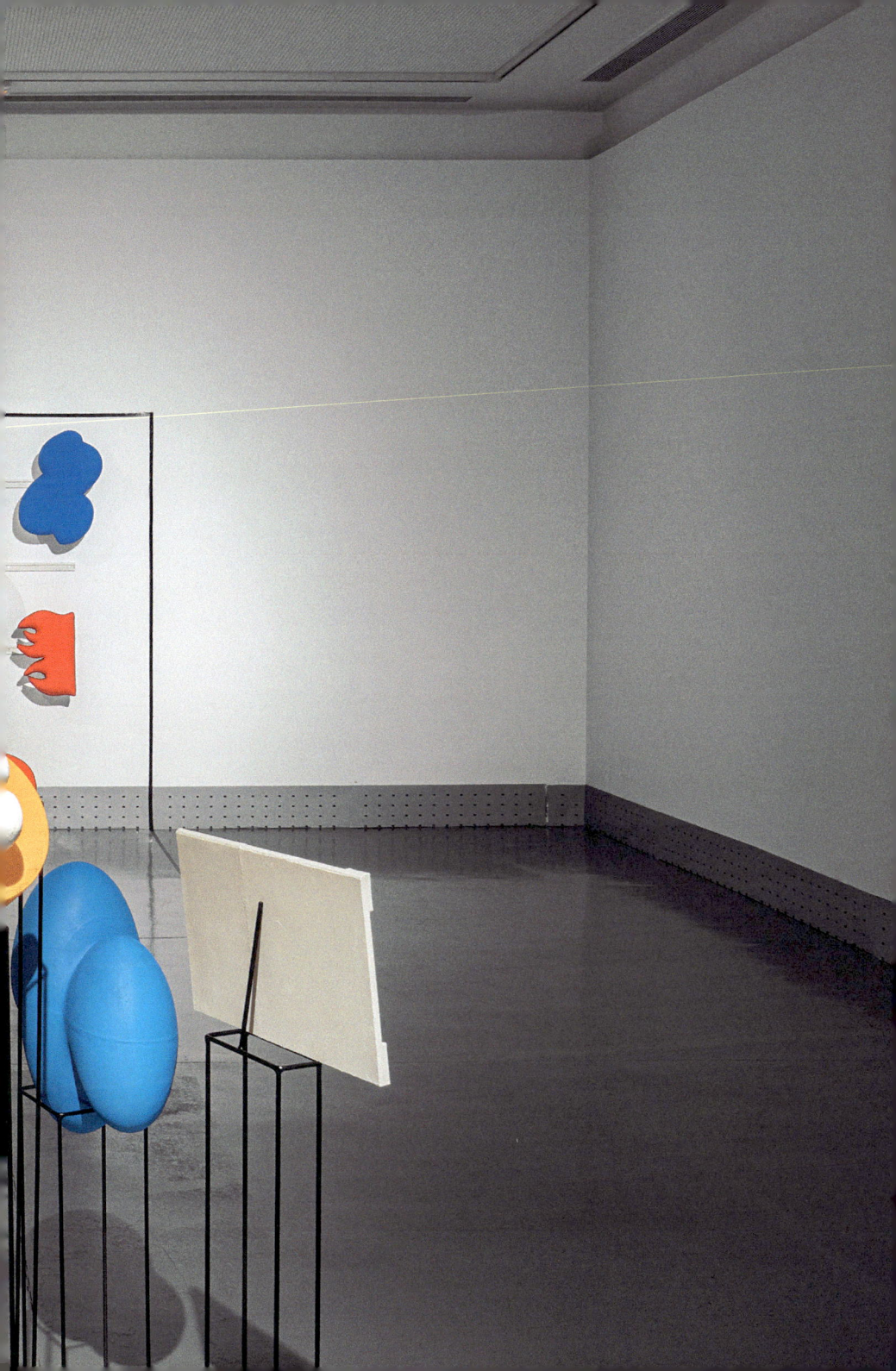

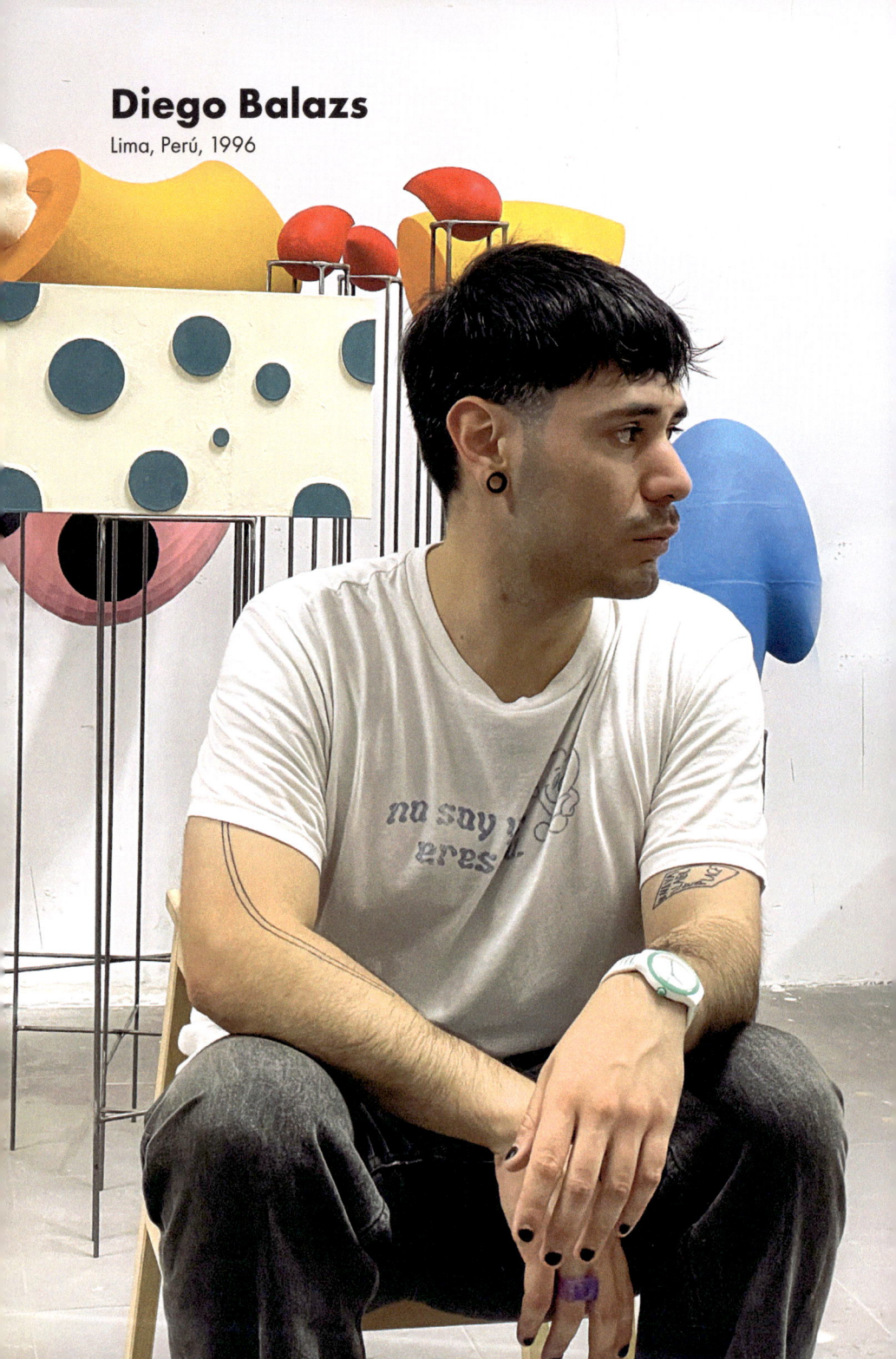

Diego Balazs

Lima, Perú, 1996

Artista plástico nacido en Lima, reside en Vícar, Almería, desde finales de 2006.

Graduado en Bellas Artes por la Universidad de Granada, y Máster en Producción Artística Interdisciplinar por la Universidad de Málaga. Actualmente está representado por la galería murciana T20.

Entre sus últimas exposiciones individuales destaca "H O R S _" (Galería T20, Murcia 2023) y "Texto predictivo o autocorrector" (Centro Damián Bayón, dentro del proyecto FACBA, 2020). Ha participado en exposiciones colectivas, en diferentes fundaciones y centros de arte (Fundación Antonio Gala, Fundación Ibercaja, Fundación Valentín de Madariaga, Palacio de los Condes de Gabia, Colegio Oficial de Arquitectos de Madrid, entre otros).

Ha estado becado en Residencias artísticas, como la Residencia para jóvenes creadores de la Fundación Antonio Gala, o AlRaso (además de haber coordinado una edición de esta beca).

También ha participado en ferias como ARCO, ESTAMPA, Urvanity Art o Art Marbella.

A visual artist born in Lima, Diego Balazs has been living in Vícar, Almería, since late 2006.

He has a BFA from the Universidad de Granada and an MA in Interdisciplinary Art Production from the Universidad de Málaga. He is currently represented by Galería T20 in Murcia.

His most recent solo shows include "H O R S _" (Galería T20, Murcia, 2023) and "Texto predictivo o autocorrector" (Centro Damián Bayón, as part of the FACBA project, 2020). He has also participated in group exhibitions at various foundations and art centres, such as Fundación Antonio Gala, Fundación Ibercaja, Fundación Valentín de Madariaga, Palace of the Counts of Gabia and the Professional Architects' Association of Madrid.

Diego Balazs was selected for Fundación Antonio Gala's young artists residency programme and for an alRaso residency grant (which he also coordinated one year).

Additionally, he has participated in art fairs like ARCO Madrid, ESTAMPA, Urvanity Art and Art Marbella.

Diego Balazs: Game of Rogues

By Javier Díaz-Guardiola*

1. Aim

Diego Balazs, an artist who was born in Lima, Peru, in 1996 but has called Spain home for quite a few years now, comes to me with what sounds like a simple proposal: he wants me to write a text (this one) that will contextualise his exhibition "Lo tuyo es mío y lo mío, es mío también" ["What's Yours Is Mine, and What's Mine Is Also Mine"] for the Regional Government of Andalusia's Iniciarte programme in Córdoba. And I agree, even knowing there will be risks, given the artist's tendency to turn everything into a game—or, better said, to analyse himself and others through the power of play. Does this mean he's testing me? Is this a competition and I just don't know it yet? Ultimately, will the lines I write become the "instruction manual" for a proposal in which Diego himself has the last word? These are not trivial questions, but I decide to accept the risk. What's the worst that could happen? I trust this guy. So we seal the deal with a conventional handshake and go with the flow.

2. Open the (Pandora's) box and check the contents

Like almost all of Diego Balazs's projects, "Lo tuyo es mío y lo mío, es mío también" grew out of the concept of the game and a cultural trait applied to play. The trait in this case (the second "token" to be placed on the board) is viveza criolla or "native wit", related to the author's Latino heritage, which has to do with how an individual grows and develops in a culture of survival. Perhaps Nicolás Etcheverry[1] can help me to define it better: "Native wit has nothing to do with being likeable or spontaneous. Rather, it is a persistent inclination or willingness to confront and resolve big or small situations in life with no regard for any possible rules, guidelines, styles or formalities that traditionally govern them." Etcheverry is describing a "habit or tendency to bend any and every rule, to disregard legal, social, ethical or moral orders and then brag about it. It is an attitude of constant defiance of authority, a will to overtly or covertly flout principles and prohibitions." By way of example, he mentions drivers who act like the rules of

---

[1] Nicolás Etcheverry. "La maldita viveza criolla: orígenes, caracteres, efectos y medios para enfrentarla", Reporter. Laboratorio de Comunicación UM, 2016. Facultad de Comunicación de la Universidad de Montevideo

the road don't apply to them, but he also says that the tentacles of this attitude extend into every sphere of life, "from business to the use of goods and services", where there is a tendency to "think oneself cleverer than everybody else". For, as Etcheverry insists, it is not enough to merely circumvent or breach social conventions; the most important element is "swagger", boasting about doing wrong.

Balazs spent his childhood in Peru, and he confirms that over there, seeing who can break the rules or find new shortcuts (remember this word, because it's a new token) is a constant but always impishly playful game. As an artist, he therefore tries to stress the artistic object and create a playground, different play areas in the gallery, where visitors constantly feel a certain pressure to dialogue or interact with the object before them. Balazs posits the possibility of extorting the toy and contextualising all the proffered materials, their forms, so that the initial relationship between viewer and artwork is thwarted at some point, giving rise to other interpretations. This happens if, for instance, a swing is used as a pedestal, or if a slide is used to make a straight line. In reality, those actions render the objects useless, but with a bit more thought we could probably come up with other uses for them. Our artist's strategy is not to disable the objects but to thwart them and, in so doing, give them new readings.

Balazs also consistently works with what he does and does not let us see, with the power of seduction, with our uncertainty about whether he is letting us look or concealing information from us—all at the same time. In this game of decontextualisation he places before us, we do not know if the proposal is an invitation to join in or a backward shove, pushing us out. We will have to rely on our imagination and ingenuity.

After all, in Peru the word vivo means "alive", but it also means a clever rogue. The title of Diego Balazs's show in Córdoba is exactly the kind of thing you'd expect to hear from such a character. Viveza and picaresca (often translated as "Spanish guile or wiles", another token) can be thought of as synonyms denoting a contemporary cultural trait that goes way back. I mean way back. We began exporting it in print centuries ago, with "The Life of Lazarillo de Tormes" (in which the main character, through "fortunes and adversities", trades his childish innocence for a survival strategy based on deception and lies), Quevedo's "El Buscón" / "The Grifter", and Mateo Alemán's "The Rogue" / "Guzmán de Alfarache". Yet Balazs warns me, "Everything is much more bent in Latin America, where people even negotiate with the police, where they haggle in the street, where you've always got an eye to the main chance." And he makes an interesting observation, talking about play: that "native wit" even seeps into sports, into football and the way players kick the ball about. In Europe, Diego reminds me, football is much more strategic, more tactical. Over there players have more creative licence when it comes to dribbling and making plays: "Maradona's hand in the World Cup that Argentina won! Things like that are what differentiate Spanish and Peruvian culture, although the two do have a lot in common." Amen.

3. Begin the game

So, play as the base of operations. In his essay for the "Playground" exhibition at the Museo Reina Sofía, Rodrigo Pérez de Arce recalled that Johan Huizinga had noticed how "play-instinct" unexpectedly gives rise to cultural forms.[2] Homo ludens —fundamental for true social change, according to Marcelo Expósito[3] —versus Homo sapiens or Homo faber. And how Roger Caillois later distinguished between "play" and "games", the latter being dependent on "fictive and temporary agreement". In other words, as Pérez de Arce put it, play never has any intention of changing the world. When we are done playing, the pieces go back in the box and everything remains the same. And yet the world is filled with landscapes, devices and rules needed to play different games. This ties in with Jean Duvignaud's theories about the values of freedom and spontaneity that all regulation or control tends to generate and which play helps to stifle: "Ludic outbursts" that "upset the order of authority".[4]

Diego admits to me that, despite all his academic qualifications, his fine art degree and various master's courses, he tends to gravitate more towards the school of the streets, where he learned and is still learning about life. He says, "When I was growing up, I'd spend every day outside playing with my brother. Literally, I got home from school and ate lunch as quickly as possible so I could run out to play football. That experience has stuck with me and shaped the way I see life and relate to others. I'm always trying to play, trying to be and stay active. I'm someone for whom that sport-related aspect is very important, that active dimension of human beings. It's literally like someone took a small-town kid who only ever wants to be playing in the park and told him to make art."

---

[2] Rodrigo Pérez de Arce. "Calle y playground: la domesticación del juego en el proyecto moderno", in "Playgrounds. Reinventar la plaza" [exhibition catalogue]. MNCARS, 2014.

[3] Marcelo Expósito. "Todo mi cuerpo recuerda: desorden festivo, mutación subjetiva y devenir revolucionario", in "Playgrounds. Reinventar la plaza" [exhibition catalogue]. MNCARS, 2014.

[4] Rodrigo Pérez de Arce. "Calle y playground: la domesticación del juego en el proyecto moderno", in "Playgrounds. Reinventar la plaza" [exhibition catalogue]. MNCARS, 2014.

4. The game board

The exhibition "Lo tuyo es mío y lo mío, es mío también" unfolds like a game board or playground inside the Iniciarte gallery in Córdoba. As soon as they enter the long, L-shaped room (which the artist has also played with), visitors encounter a canvas. In fact, this is the first time in his career that Balazs has displayed a painting in its intended position (he used two as swing seats in his last show at T20, "H.O.R.S.", held in March of this year). By his own admission, Diego has always had a very personal relationship with painting, an "inner debate" with a medium that he enters and exits at will, because his sculptures are paintings from which he eventually breaks free.

That large canvas at the entrance is also an introduction that paves the way for the other pieces. Moving on, spectators come to three acrylic glass boxes with plush toys inside, crammed in so tightly that their shapes have been distorted. This piece alludes to the typical games in which babies or tots are given pieces of different shapes (circle, triangle, star) and encouraged to fit them in the proper holes, which helps to develop motor skills and cognition. Balazs's boxes also have holes that match the shapes inside, but the pressure-packing has made them completely useless. Soon visitors will come upon a floor sculpture which leads to the artist's three-dimensional paintings, an expanded two-dimensionality of iron structures that can be inhabited.

As part of the dialogue with interactivity that Balazs finds so interesting, the final piece is a more "active" one that can be touched and manipulated. Spectators can remove and switch the rails round, generating a picture with pieces of imitation leather about eight centimetres thick and thus becoming co-authors of a "painting".

The Iniciarte venue in Córdoba, next to the old Palace of the Provincial Council and Library, is a building that has plenty of character, but Diego did not want its history to interfere in his show. The most influential aspect of this space is its layout or floor plan, because the physical, interactive, playful part of his proposal occupies that side of the L not visible from the entrance, almost as if it were in a separate room.

Visitors will notice that none of the works have titles. This is another challenge proposed by the artist: he envisioned the entire show as one big installation, a puzzle in which some pieces invite active participation (and can therefore be physically manipulated) while others can only be manipulated in the mind. Balazs would never dream of objecting to someone touching his creations. Quite the opposite: he loves it when people have that response.

In terms of resolution, there is an obvious qualitative leap in references from everything the artist has done up until now. He is interested in working out how to create a passively interactive piece. Balazs is gradually perfecting how he establishes the object's relationship with the viewer (emphasis on the object), and his enhanced subtlety makes it increasingly difficult to tell whether he has invited us into the work or is constantly blocking our attempts to do so. Every exhibition and every work/piece is another move forward, because the research focus and interests remain the same. Balazs's projects are never closed; he prefers to keep evolving and generating new clues with which to continue learning and surprising himself. In short, he talks about play while playing.

5. Rules of the game

Hans-Georg Gadamer was one of the philosophers who reflected most profoundly on the playful element inherent in every culture and made a connection between art and play, which he believed shared several basic qualities. According to Sebastián Daniel Orueta, Gadamer's concept of play is not based on performing an action; it has more to do with pursuing an activity outside the rules that drive it.[5] Every game is essentially a performance, like the one Balazs asks spectators to carry out with his works. In play, Gadamer explained, the player surrenders to the game, giving it primacy over his own consciousness. Therefore, the subject of the playful activity is not the player but play itself. However, the primacy of play does not mean that players lose their freedom or ability to decide. There are countless possible moves in the game, but they are always options which the game makes available. Similarly, the philosopher argued that artworks must be examined as and not confined to the consciousness of the person who experiences them: they have their own rules, and the spectator must take them into consideration. To experience a work of art is not merely to perceive something. One must plunge into it, be absorbed by it.[6] This means that the artwork has supremacy over not just the viewer but the artist as well (though this does not cancel out the subjectivity of perceiving a work of art). At the same time, that artwork is neither a copy of reality nor a substitute, for its essence is being representation: the work is a presence that is representation and, simultaneously, a representation that is presence. Gadamer called this "total mediation". And,

---

[5] Sebastián Daniel Orueta. "Gadamer: el arte entendido a través del juego", "Scienta Helmántica. Revista de Filosofía", no. 2, November 2013.

[6] H. G. Gadamer. "Palabra e imagen", in "Estética y hermenéutica". Editorial Tecnos, 1998.

recalling Lars Bang Larsen's paraphrase of Gadamer,[7] I conclude, "The player knows exactly what the game is and that what he is doing is mere play, but he doesn't know what he knows by knowing that." This reminds me of the state of mind of the contestants in Netflix's "Squid Game", when the aim of the game is to save your own skin.

Earlier I hinted at the concept of the "shortcut" as something central to Diego Balazs's modus operandi, and I think the time has come to elaborate on that. It is a strategy that helps Diego figure out how to present something in a different way. He is constantly taking shortcuts in his work. For example, he begins with a canvas or a series of forms, the acrylic glass boxes, which he makes no attempt to avoid, telling us that they are still pictorial elements even if he presents them as sculptures. It's basically like doing the same thing without doing it: "My sculpture is painting and my painting is sculpture." It all depends on the viewer's perspective, the mental moment from which they are looking.

To what point are we oblivious of the fact that we are tokens in the game that Diego has set up in his head? Here in Córdoba, we venture into the space bit by bit. There's a sense of staging. And everything isn't handed to us; we have to gradually discover things on our own, almost like beating levels in a video game, moving on to the next screen. The first piece gives us some context. In the middle, we find the acrylic glass boxes slightly frustrating. Later, we run into the three-dimensional realm. And awaiting us at the end of the journey is the villain we must fight. Or not. We can always backtrack and return to one of the other pieces. But there is one more aspect of the space-as-game-board that Balazs finds particularly interesting: the "button" or switch that activates us. When making his pieces, he focuses on the element that connects us and which one might connect to a collective imaginary. We are talking about toys, and a toy is just a toy, though not always. Stuffed animals are adorable, but they can be far more perverse than they look. Toy guns have certain predetermined political and gender connotations. And in terms of space, it's just as important to know what the artist is giving us first and how he measures out the levels.

All games have rules. And a shortcut is an invitation to break the rules. So, let's talk about prohibitions and tacit agreements. Diego Balazs frequently uses Gyorgy Doczi's word "dinergy", which means the union of complementary opposites.

---

[7] Lars Ban Larsen. "Círculos dibujados en el agua", in "Playgrounds. Reinventar la plaza" [exhibition catalogue]. MNCARS, 2014.

Specifically, he is interested in how certain prohibitions, bans and "not doing" dinergetically generate "play" in his exhibition. Because it isn't about what can be achieved, which gives enormous creative freedom, but about what can't. There is obviously a creative aspect to prohibition. From that point of view, dinergy and play are practically the same thing. The artist asks questions like, "How does not-doing complement doing?", "How can you deactivate a game that requires activity?" or "How can I create tension from those premises?" And the answers add up and generate real dialogue in the exhibition.

With art, as with all things in life, the first step is being willing to participate. We've got to stop holding it in such awe. Too much respect keeps us at arm's length. Does Balazs make art in a playful way? Yes, absolutely. He tries to have fun while he's "doing", researching and coming to conclusions. And in the meantime, art is sending him messages. This constant inner game began when he first started making his pieces and is still going on. Even contemplation is like a game to him. It's a moment when ideas are forming and when one learns to see differently. Diego's work has a physical quality, rooted in his sports background, which is something he often feels is missing in art: the possibility of touching and interacting. "Let them touch, let them break it if they must. It's all good!" he laughingly exclaims.

6. Wild cards

Obviously, you can't change the rules halfway through a game. But what if that were one of the rules? It would be like taming improvisation. And that's the card I've just drawn from the pile. Therefore, I've decided to change this text from essay to interview, from indirect declaration to direct statement, so that I can move ahead on the board.

– What about the viewers, Diego: are they opponents or members of your team?

– I always think we're playing on the same side. I'm on the same team as the audience, but I know that what's making things hard for them is the object. And since I created that object, I suppose we are opponents in a way. It's like a friendly match. Like playing a friendly match against the pieces.

– You cite authors like Lipovetsky and Huizinga, saying that our society is becoming increasingly gamified. I don't know if gaming or play counteracts the critical capacity of the individual.

– I don't agree with the notion that play has a dulling or numbing effect. There's a fundamental critical aspect to play, but it's often ignored. That's why we need to differentiate between play and sport. Sport involves playing, sure, but not all sport is play, and not all play is sport. Since the early twentieth century, football has acquired tremendous importance as a national badge of identity, a cultural distinction that sets Latin America apart from Europe or the US: Maradona, Pelé... Their countries became known for something as silly as football. It's really crazy to see how passionate people get over something so idiotic. I've played football my entire life. Street football, indoor football matches are more like a dance: you literally have a little booklet that you memorise and then you execute the plays, and there are prescribed movements, the same clothing... The result is much more theatrical. But professional football is an enormous system of mass control. Part of my work is a call to criticism based on "this can be conceived this way" or "we can get enough distance to start seeing it in another light". And often I also use materials that have something to do with play (plush toys, rugs), and spectators recognise them as such but may find them unsettling because I thwart their playful purpose.

– That makes me think of Charles Eames, the designer, who said that a good toy held clues to the era of its inception. You've also made a point of analysing your own generation, the millennials, for whom play is vital: think manga, video games, etc.

– My works are very much of their era. My frame of reference is the toys I used growing up. It's also true that I watched far too much MTV as a kid. And all that bizarre pop iconography, the adverts, and all the graffiti art and skater culture references obviously influenced me profoundly. There's a documentary film, "Beautiful Losers",[8] which shows how many of today's great illustrators started out as graffiti artists and skaters, even though they were people who lived on the fringe and aren't related to the contemporary art world, working at advertising agencies. That creativity and way of working is something that comes precisely from stepping outside conventional art circles and having "weird" influences. That's where things start to get mixed up and some very interesting stuff happens. My thing is 100% generational: ways of doing, ways of composing, the elements I work with, my themes... Although I think these issues concern us all at some point in our lives. And play can be a good connective thread. We were talking about the gamification of society, but people are playing less in the streets while trying to bring play into schools and museums...

---

[8] "Beautiful Losers" (2008), directed by Aaron Rose and co-directed by Joshua Leonard.

– In "Playgrounds", Lars Bang Larsen pointed out that, even though machines have learned to play with us, they still don't feel pleased or frustrated with the outcome like human players do.

– I work more with frustration, because pleasure comes from winning or obtaining something. In my case, I never offer any reward except a dialogue, and even that might feel frustrating. It's like trying to argue with a pig-headed person: that's what happens with my pieces. And there may be some visual pleasure in them, but I'm more interested in making you uncomfortable. I also tend to focus a lot more on frustration when I'm working because I like to create tension and I rely heavily on wit/wiles, which is a real "pain in the ass". My goal is for you to want something and not be able to get it. You're always just about to reach the finish line, or so it seems, because you never actually cross it, but that desire to reach a certain point is what generates an entire dialogue, a feedback loop with the piece.

7. The final challenge

As I mentioned before, it was Roger Caillois who said that nothing changes after a game because it has no interest in modifying the world: the tokens simply return to their starting positions. However, I do not believe that Diego Balazs has no intention of challenging this world and its rules with his works, especially because they clearly have a critical and awareness-raising element. The AI boom and the TikTok generation have shown us that there is also a kinder way of appealing to sanity than the rapid consumption of images— images we take in compulsively and voraciously no matter how pleasant they may be. Our artist extends a visual invitation for us to "painlessly" enter his proposal and, once inside, begin to play while the artist also plays with us and mentally shakes us up. And at that moment, we will be called upon to exercise restraint and forbearance. Politically speaking, the fact that we are taking a moment right now is already quite an achievement, because we've lost our ability to think critically and pay attention. Balazs believes that his game board will never be closed and put away if no one wins. And that's the best part. There is no end.

PS: You can't win, Diego adds, but it is possible to lose. And speaking of losing and playing and artificial intelligence, don't ask ChatGPT to write you a text about the exhibition "Lo tuyo es mío y lo mío, es mío también" by Diego Balazs at Córdoba's Espacio Iniciarte. This is the answer you'll get:

"I'm sorry, but I don't have any information about a person named Diego Balazs in my database, which is limited to data before September 2021. Diego Balazs may be a private citizen or not a widely known public figure. If you have more specific information about Diego Balazs that you'd like to include in his biography, please give me more details and I'll be happy to help you write a biography based on that information."

Game on.

Guadalajara, 15 October 2023

---

* Javier Diaz-Guardiola is a journalist, critic and exhibition curator. He is currently coordinator of the Arts, Architecture and Design section of ABC Cultural, editor-in-chief of ABC at ARCO, and author of the contemporary art blog "Siete de Un Golpe".